中国教育科学研究院中央级科研院所基本科研业务费专项资助项目
批准号：GYI2019051

学校供餐计划
实施效益研究

程蓓 ◎ 著

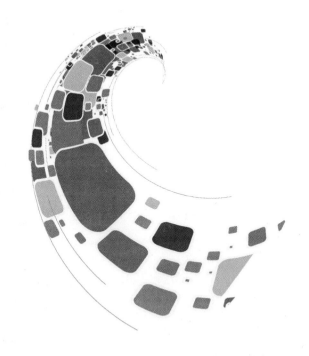

吉林出版集团股份有限公司

图书在版编目（CIP）数据

学校供餐计划实施效益研究 / 程蓓著. 一长春：吉林出版集团股份有限公司，2020.1

ISBN 978-7-5581-6928-1

Ⅰ.①学… Ⅱ.①程… Ⅲ.①学校—膳食—后勤供应—计划—研究 Ⅳ.① G474

中国版本图书馆CIP数据核字(2019)第110277号

学校供餐计划实施效益研究

著　　　者	程　蓓	
责 任 编 辑	齐　琳　姚利福	
策　　　划	周　骁	
封 面 设 计	朱晓婷	
开　　　本	710mm×1000mm　1/16	
字　　　数	100千	
印　　　张	7	
版　　　次	2020年3月第1版	
印　　　次	2020年3月第1次印刷	

出　　版	吉林出版集团股份有限公司
电　　话	总编办：010—63109269
	发行部：010—85173824
印　　刷	河北盛世彩捷印刷有限公司

ISBN 978-7-5581-6928-1　　定价：49.80元

CONTENTS
目 录

第一章　学校供餐计划的实施框架

一、学校供餐计划的定义及发展趋势

（一）学校供餐计划的定义

学校供餐计划，顾名思义，就是为在校学生提供某种形式餐食的政策计划。由于每个国家的国情不同，资源及财政能力也有差异，因此在制定供餐计划时通常由于实际需求、实施目的及受益群体的不同而呈现出多种实施方案。世界粮食计划署出版的《全球学校供餐状况 2013》对不同收入水平国家和地区的学校供餐计划进行了综合分析，其中将学校供餐定义为向在校学生提供食物（世界粮食计划署，2013）。目前常用的供餐方式主要有三种：一是在学校享用一顿营养早餐或午餐，二是在学校吃强化饼干或点心，三是为学龄儿童家庭提供"带回家的口粮"。其中前两种方式的食物供应是有条件的，只有入学的学龄儿童才能享受；同时必须保障学校餐食的营养能够满足成长期儿童的需求。对于"带回家的口粮"供餐形式，部分国家和地区的实施结果显示出对其他家庭成员的营养改善也具有积极影响。学校供餐计划最直接的实施目的是通过为在校学生提供安全的食物，激励家庭送孩子上学并留在学校接受教育。除此之外，不同收入水平国家的学校供餐计划还具有多种不同优先级的实施目的，相应的受益群体的选定标准也不同。

（二）学校供餐计划的发展趋势

21世纪初全球粮食危机、燃油危机和金融危机开始凸显，学校供餐计划作为一种潜在的社会保障制度带来了多重效应。其中多种效应得到了各国实践验证，如提高学生接受教育的机会，改善学生及其家庭成员的营养状况，为学生家庭带来价值转移，可快速有效地形成社会安全网等。近年来，气候变化显著，自然灾害及人为冲突频发，为农民生活及农业发展造成了极大的冲击。随着对学校供餐计划认识的不断深入，部分国家和地区正在探索将小农及地方社区纳入供餐计划的受益群体，以促进食物安全和多样化，以及地方农业的可持续发展。

学校供餐计划与小农生产的结合将为二者带来双重效益：学校供餐计划为小农生产提供了稳定的生产需求和可预期的家庭收入；从本地小农手中进行食材采购可以减少食材运输成本，让学生有更多的机会摄入新鲜食材及本地食材。由此产生的双重效应一定程度上取决于小农在供餐计划中的参与程度。由于小农缺乏优质的生产原材料、生产能力有限且缺乏获得有效信息的途径，若要充分发挥农校结合供餐计划的实施效应，需要国家和地区在计划制定和执行过程中给予小农一定的政策、资金和技术支持。

联合国粮食及农业组织和世界粮食计划署将其定义为，"农校结合供餐计划是一种从本地小农手中采购食材，并为在校儿童提供安全、多样化且营养的食物的学校供餐计划"。定义中包含有两个关键点：一是"从本地小农手中采购食材"，二是"安全、多样化且营养的食物"。"从本地小农手中采购"说明农校结合供餐计划需要做到：通过将学校与当地粮食生产联系起来，使小农获得最大利益；加强小农和社区生产粮食的能力；促进农村转型。"安全、多样化且营养的食物"意味着农校结合供餐计划需要：制定适用于新鲜食材及本地食材的质量和安全标准并积极采用；支持作物和膳食多样化；将营养和健康教育纳入计划实施体系，发扬本地文化并促进更加健康的饮食习惯（联合国粮食及农业组织和世界粮食计划署，2018）。

二、学校供餐计划的供应链框架

供应链是指一个将产品或服务从供应商转移到客户的系统，它包括组织、人员、活动、信息和资源等要素。供应链的活动包括将各种资源、原材料和组件转化为成品，并交付给最终客户。在学校供餐计划中，供应链即为从食材生产到学生能够及时享用到安全营养餐食的系统。借助供应链分析，便于构建较为清晰的逻辑框架。

如图 1-1 所示，供应链作为学校供餐计划的一个重要组成部分，对供应链的分析需要结合整个供餐计划的运行。首先要了解整个供餐计划实施的背景（即需求分析），确定计划要实现的目的（如果有多个目的，需要对优先级进行排序），根据计划目的明确目标受益人群，结合地方实际选择供餐模式，制定运行机制并保障资金及时足量拨付。来自供餐计划内部和外部的关键因素制约着供应链的结构，而运作性能和战略性能则在一定程度上体现了供应链的制定是否合理及有效。

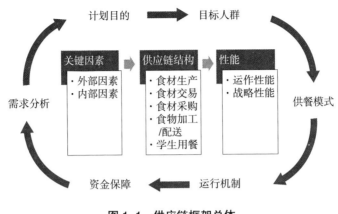

图 1-1 供应链框架总体

图片来源：作者绘制。

2012 年 Geli 等人对学校供餐供应链框架进行了系统分析（Geli 等人，2012），本节首先基于这一框架对供应链的相关概念进行说明，之后分别针对供应链的各个环节构建逻辑框架分析。

如图 1-1 所示，外部因素和内部因素均对供应链产生影响。外部因素主要包括：受益者或潜在受益者、供应商、第三方服务提供者、资源提供者及总体形势等。受益者的需求是学校供餐计划推行的关键驱动因素，近年来对于小农和当地社区参与程度的关注逐渐提升，因此除了学生和其家庭作为主要受益者之外，小农、当地社区由于社会保护作用也成为潜在的受益者，这些变化都决定了供应链上相应活动的改变。不同收入水平国家的供餐计划实施主体不同，因此供应商可以来自国际层面、国家层面、地区层面及地方社区等。第三方服务提供者凭借其专业性以及规模效应产生的成本节约，可以在供应链上多个活动环节起到重要作用。资源提供者可以是国际组织、公益组织、基金会、国家以及各级政府，资源提供者应确保各类资源提供的时效性和稳定性。总体形势包含多个方面，如实施条件、政策支持力度、负责机构等，以及该地区是否正处于冲突或厉经自然灾害等情况。内部因素主要包括供应链策略制定及供应链的能力和处理过程。策略制定是指要确定供餐计划受益人群的优先级、目标人群以及需求分析。供应链能力及处理过程包含了采购和配送，以及对应的项目人力资源、监管监测等因素。

　　明确了影响供应链的关键因素，便可对供应链的各项活动进行分析。学校供餐计划供应链可以从三个维度进行描述，即供应链上的主要活动、活动发生在哪一个层面，以及活动的相关参与者。如图 1-2 所示，学校供餐计划的主要活动包括食材生产、食材交易、食材采购、食物加工配送以及作为最终端的学生用餐五个环节。活动发生的层面主要可分为国家层面、地区层面及学校层面，由于低收入国家早期的学校供餐计划主要是在国际组织及其他国家的资助下进行的，并且近年的学校供餐计划发展形势逐渐强调当地社区的参与力度，因此部分活动还涉及国际层面或是学校所在社区。活动的主要参与者包括了所有学校供餐计划的相关利益群体，如生产者、供应商、政府、学校、受益群体等。为了保障供餐的稳定性，部分活动环节需要进行食材存储及加工，某些环节的因素也存在不稳定性，甚至造成损失。

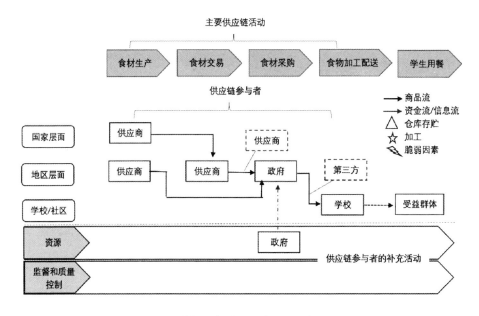

图 1-2　学校供餐计划供应链结构模型示例

图片来源：Geli 等人，2012。作者翻译并重新绘制。

　　由于不同国家的学校供餐计划的目的、受益群体、执行机构的不同，供应链的结构模型也多有不同。根据计划的决策制定层面以及是否有第三方参与计划推行，可以将现有的供应链模型划分为五大类（Geili 等人，2012；世界粮食计划署，2018）。这些模型的不同主要集中于供应链的前三个活动环节，图 1-3 中列出了各个环节五个模型参与人员的差异。传统的学校供餐计划根据决策制定层面可以划分为集约型、半分散型、分散型及涉及第三方的分散型模型，中央及省级政府对于食材采购的参与程度依次降低。随着对当地小农参与力度的加强，产生了农校结合型学校供餐供应链。

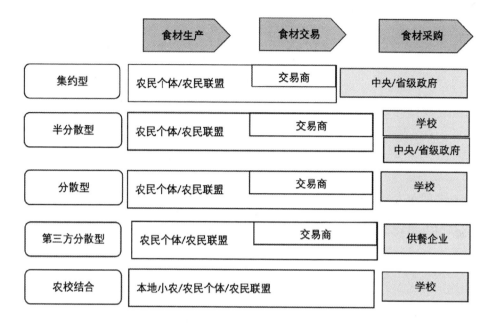

图 1-3 不同类型的学校供餐计划供应链前端活动的主要参与人员

图片来源：作者根据 Geli 等人 2012 年研究报告的内容绘制。

供应链的主要活动包括食材生产、食材交易、食材采购、食物加工配送及学生用餐。

食材生产是指农业和畜牧业的一系列生产活动，包含获得资源、种植维护及食材收获。学校供餐计划中，食材生产部分的活动主要由农业部门进行监管。不同地区的生产能力和生产规模不尽相同，因此食材的产量和质量也有差异。传统的学校供餐计划中，由于政府或学校主要从大型供应商或交易商手中购买食材，一定程度上保证了食材的数量及质量。农校结合学校供餐计划中学校直接从农民手中购买食材，这对本地小农的生产能力和生产质量提出了要求。由于小农缺少相关信息、技能、资金以及原始资源获得优势，在为供餐计划提供食材时面临着巨大的挑战，因此需要当地社区采取措施提高小农的竞争力，保障学生可以按时获得营养足量的学校餐食。目前采取的措施主要有成立农民联盟组织或合作社，为小农提供各种资源和参与途径，如开展技能培训、提供高质量的种子和化肥、公开食材需求的相关信息，及组织小农进行多样化的种植等。

食材交易是指产品供给与产品需求之间的市场连接，可起到中介的作用。交易过程中包含了多个环节，如运输、存储、预处理、包装等，通过将食材的原始生产者和供餐企业进行联系，实现一定的价值增长和积累。传统的学校供餐计划中食材交易过程一般是由交易商完成的；基于农校结合的学校供餐计划中某种程度上跨过了交易商这一角色（取决于从本地校农手中采购的食材比例），由学校直接向食材生产者进行采购。

食材采购是指对学校餐食所需的各种食材的甄选、购买和接收过程。作为供应链上的关键环节，食材采购决定了最终学生是否能够按时享用安全且营养的学校餐食。不同类型供应链模型的主要差异即体现在食材采购环节。集约型供应链的食材采购由中央或省级政府进行，从大型供应商手中购进所需食材，再分别运输至各个社区或学校；由于集中且大批量的购入，该类型的采购具有规模效应且便于监管，但是长途运输产生的运输费用和途中折损一定程度上抵消了前述优势。分散型供应链的食材采购主要由学校或当地社区进行，学校单次购买的数量有限使得该模型不具有价格优势，但是节约的运输成本一定程度上进行了弥补。半分散型介于分散型和集约型之间，同时具有两种模型的性质，具体的表现取决于两种类型所占的比例。涉及第三方的分散型供应链中，供餐企业负责食材的采购和加工，并将加工好的食物配送至学校。农校结合供应链中的食材采购是由学校直接进行的，借助于成立的农民联盟组织或合作社，可以有效地将学校需求和本地小农及其他生产者的供应进行匹配。

食材加工/配送是指对采购到的各类食材进行烹饪并送至学校的过程。涉及第三方的分散型供应链中，供应商完成从食材采购到食材加工的一体化流程，并负责将加工好的食物安全按时的配送至学校。其他类型的供应链模型，食材加工均由学校完成，不再需要配送过程。学校通过食堂新建、改建、扩建，招聘食堂职工，配备管理人员、成立膳食委员会等一些活动，按时完成食材加工工作，确保学生能够及时享用到安全营养的餐食。

学生用餐是指学生按照供餐模式，在食堂享用完整餐食或强化饼干，以及部分国家及地区采用的"将粮食带回家"。学生完成用餐从过程上来看，是一个供应链的最后一个环节。但学校供餐具有动态性特征，因此需要系统监测这一环节的实施状况，及时进行信息反馈。

整个学校供餐计划的供应链除了上述各活动环节之外，还有产品流、信息流以及资金流贯穿于各个环节之间。如图 1-2 所示，供餐计划的产品流即从最初的食材生产到最终的学生享用餐食，原始资源通过供应链上各环节逐步转化为最终的产品。信息流一般是将需求信息逐步反馈给上一个活动环节，以便于供应链的运行。资金流即为现金或者其他非现金形式的资金支持在供应链中的流转，确保整个供餐计划的顺畅执行。

三、学校供餐计划产生的综合影响——理论分析

传统学校供餐计划的主要目的是：增加学生受教育机会，提高学生营养水平，强化社会保障作用。在此基础上，农校结合供餐计划的实施目的增加了对本地小农生活及地区农业发展的关注。由上面的供应链逻辑框架分析可知，这四个实施目的之间并不是完全独立的，相互之间有着密切的关联。图1-4 绘制了学校供餐计划与四个目标之间的相互影响。

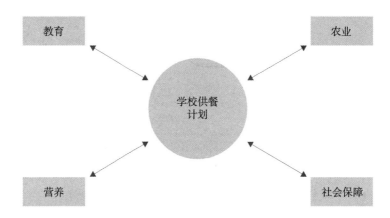

图 1-4 学校供餐计划与四个实施目的之间的关系图

图片来源：作者绘制。

学校供餐计划与教育之间的关系：学校供餐计划通过提高出勤率、入学率、巩固率，降低辍学率，促进性别平等，强化学生表现等途径，直接对教育产出产生积极影响。而教育部门则为供餐计划的推行提供了基础设施及干预通道。

学校供餐计划与营养之间的关系：学校供餐计划改善了学生营养状况；而营养部门为供餐计划提供了如除虫、饮用水、营养教育等干预项目作为补充，提升计划实施成效，提高居民营养意识。

学校供餐计划与农业之间的关系：学校供餐计划通过为当地农业提供稳定的可预期需求，为当地小农提供参与途径，提高了当地农业的多样化发展。而农业发展进一步为学校供餐提供了高质足量的产品。

学校供餐计划与社会保障之间的关系：学校供餐计划提高了当地劳动力需求，通过价值转移及其乘积效应增加了当地居民家庭收入，并通过接受教育、改善营养、发展农业、降低性别差异等方式一定程度上降低了冲突和不稳定因素，多重效果均对社会保障产生积极影响。而社会保障也通过提供稳定的社会局势、充足的劳动力及社区参与，为供餐计划推行提供良好的环境。

此外，四个实施目的之间也存在着双向的促进作用。如教育和营养之间，提高营养可以增强学生体质，降低因疾病引起的缺勤现象，从而增加在校学习时间；提高学生营养可以增强学生认知能力，降低因注意力不集中导致的学习效率低下，从而提高学习质量。增加学习实践，提高学习质量，二者又会产生乘积效应。而教育为营养干预及营养知识传播提供了基础设施及通道，教育水平越高的人营养意识越高。对于营养与农业之间也存在互利关系。提高营养知识以及营养意识，一定程度上可增进当地居民的饮食多样化，进而对当地农业多样化发展提出了需求。而农业的可持续发展为食品安全和营养均衡奠定了基础，通过实施各项营养卫生干预，可提高当地居民的营养健康状态。营养和社会保障、社会保障和农业、社会保障与教育等实施目的之间的互利作用不属于本节的研究范围，此处暂不赘述。

为了便于在实际工作中开展影响评估，下面分别对学生供餐计划的四个实施目的进行逻辑框架分析，并构建评估指标框架。下文中进行分析的前提条件是供餐计划的实施环境稳定，并且各项政策按照计划规定稳步推进。

1. 学校供餐计划对教育的影响

学校供餐计划在教育领域的最终目的是提高教育的整体产出。这一目的主要是通过增加接受教育的时间，及提高学习的质量这两大途径来实现的，若二者产生乘积效应，则会进一步扩大供餐计划对教育的影响。

要增加接受教育的时间，首先要做到学龄儿童愿意并且能够上学。影响学龄儿童是否能够上学的因素很多，在家庭层面上往往取决于上学的成本和收益之间的权衡结果。送学龄儿童去上学的成本主要有学杂费、这部分费用的机会成本，以及去上学产生的机会成本。目前大部分国家均已实行免费义务教育，并且对于各类杂费的收取也逐渐减少项目及金额，从而主要的成本便是上学产生的机会成本。在低收入家庭中，学龄儿童也被视为劳动力，需要参加家务劳作减轻家庭负担，或者进行养殖种植及外出打工赚取家用。对于女童而言这种情况更甚，并且该项机会成本将随着年龄增长而逐渐增加。学校供餐计划通过为在校学生提供营养餐食，解决了孩子的吃饭问题，强调了能量及营养元素的摄入，增强了孩子的体能，使家庭看到了孩子身体状况的明显改善，并对孩子日后的预期工作收入提升有所保障。此外，学校供餐为家庭节省了孩子的伙食费用，餐食按照市场价格转换可以视为对于家庭收入的价值转移。家庭可以将这部分资金用于生活支出或有效投资，如购买生产原材料、化肥或提高产量的技能培训等。同时，女性家长可从照看孩子的日常中抽身，外出劳作或务工，进一步提高家庭收入。对于学龄儿童自身而言，可以获得比在家吃得好、有同龄人陪伴、能够了解新知识等多方收益。当然，要明确家庭和学龄儿童对于学校教育的认识，还需要其他各类教育质量提升类工程的协同作用，如学校基础设施类改造工程、师资培训类计划、校园安全建设类工程等。

要提高学习的质量则需要提高学生的学习能力和认知能力，学校供餐计划通过给学生提供营养餐食（部分国家和地区提供经过了微量元素强化的营养餐食）保证了学生热量的摄入，减少了短期饥饿带来的负面影响。某些微量元素对于大脑的发育和情绪的控制具有决定作用，通过享用学校餐食，学生饮食中摄入的微量元素增加，经过一段时间的巩固，并配合其他健康干预措施，可以有效提高学生的专注力及认知力，从而提高学习质量。

表1-1中列出了学校供餐计划对教育的影响逻辑框架分析，图1-5进行了逻辑框架绘制。

表 1–1 学校供餐计划对教育的影响逻辑框架分析

投入	人力：供餐计划各级管理人员；食材生产、加工和配送人员；食堂职工及管理人员；学校教职工。 财力：食材采购、加工等费用；食堂运营费用；教育质量提升类工程费用。 物力：学校供餐中用到的各类设备、材料、培训及技术支持；教育质量提升类工程用到的设备、材料、培训及技术支持。
过程	为学生准备营养餐食或强化食物；教育质量提升类工程。
产出	学生按时享用到安全营养的食物；学校教育质量提升。
短期产效	激励家庭送学龄儿童去上学；激励学龄儿童自愿去上学；学生饮食摄入热量增加；学生微量元素摄入增加。
中期产效	增加出勤率；减少辍学率；增加巩固率；增加入学率；减少性别差异；提升学习和认知能力。
长期产效	提升整体教育产出。

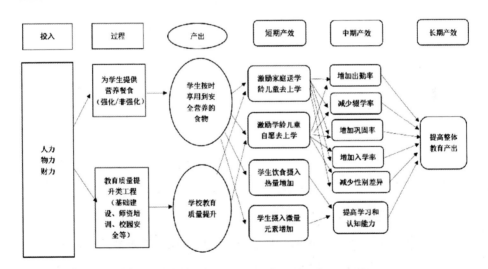

图 1–5 学校供餐计划对教育影响的逻辑框架图

图片来源：作者绘制。

2. 学校供餐计划对营养的影响

学校供餐计划在营养领域的最终目的是提升学生的整体营养状态。这一终极目标主要是通过提高学生群体的营养状况、家庭内部产生的溢出效应，以及价值转移带来的家庭可支配收入增加三大途径来实现的。

对于提高学生群体的营养状况，通过为学生提供对三大营养素科学配制的餐食（包括进行微量元素强化的食物），保障学生的热量和微量元素摄入。由于贫困地区学生长期的不健康饮食，在确保饮食安全的基础上，还可通过进行其他的健康干预项目（如除虫、饮用水计划等），加强体育锻炼，发挥协同作用提升学生的营养状况。当前各国和地区开展的学校供餐计划中均将营养教育列入了实施措施，号召通过形式多样的理论和实践活动形式对学生进行营养健康知识和技能的教授。

对于家庭内部产生的溢出效应，可以分为营养知识产生的溢出效应及"带回家的口粮"产生的溢出效应。营养知识的溢出效应主要体现在学生在学校接受多种形式的营养教育，建立营养意识，回家后与家人的交流中会产生信息传递；对于当地社区参与度的提升，学生家长通过参与食材的种植和养殖，在供餐企业或学校食堂务工等途径，也将接受更多更全面的营养健康知识和技能。部分低收入水平国家的学校供餐计划为了吸引更多的学龄儿童入学，定期发放特定数量的主食和调味品；这部分"带回家的口粮"对于学生所在家庭成员的营养状态也将产生明显提升。

这里的家庭可支配收入增加单指由于学校提供餐食使得家庭少支出的膳食费用，也称为价值转移部分，一般用学校餐食所用食材的市场价来衡量。节约的这部分支出可用于购买更多的食材给其他家庭成员食用，增加了饮食数量和种类。

表1-2中列出了学校供餐计划对教育的影响逻辑框架分析，图1-6进行了逻辑框架绘制。

表1-2　学校供餐计划对营养影响的逻辑框架分析

投入	人力：供餐计划各级管理人员；健康干预项目工作人员；学校教职工。 财力：营养教育活动开展费用；食堂供餐费用；健康干预类项目费用。 物力：学校供餐中用到的各类设备、材料、资料及培训支持；健康干预类项目的设备、材料、培训及技术支持。
过程	为学生提供多样化的餐食（强化食物、非强化食物）；进行健康干预（除虫、饮用水、体育锻炼等）；开展营养教育（课堂、学校农场等）。
产出	学生及时享用到安全营养的食物；健康干预取得成效；学生获得营养知识和技能。
短期产效	摄入能量增加；摄入微量元素增加；"带回家的口粮"使得家庭成员摄入的能量增加；学生营养知识储备增加；家庭成员营养知识储备增加。
中期产效	注意力提升；认知力提高；做事积极性提高；身高、体重、身体质量指数改善；微量元素状态改善；体育活动表现改善；基础代谢率增强。
长期产效	提升学生的整体营养状态。

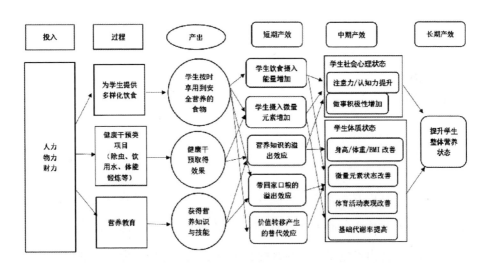

图1-6　学校供餐计划对营养影响的逻辑框架图

图片来源：作者绘制。

3. 学校供餐计划对农业的影响

学校供餐计划在农业领域的最终目的是实现本地农业的可持续发展。这一终极目标主要是通过提高本地小农的生产力和收益，以及促进本地农业多样化发展两大途径来实现的。

对于提高本地小农的生产力和收益，通过提升小农在学校供餐计划中的参与程度，使其获得稳定的可预期收入。由于教育部门预先统计学校供餐计划所需食材的数量和种类，对于农业、渔业和养殖业而言是一个相对稳定的需求来源；在良好局势的大环境下，食材的价格变动幅度控制在一定的范围之内，因此学校供餐计划为食材生产者提供了稳定的预期收益。但是受制于原材料质量低下、信息闭塞、资金短缺、生产能力和效力不高等因素，小农参与学校供餐计划存在很大的障碍。即使能够参与学校供餐的食材供应，由于生产不稳定，在数量、质量及价格等方面均不具备优势；更为严重的是，由于食材质量欠佳引起的营养物质含量不足，将导致学生摄入的热量及微量元素含量不达标，影响学生的身体健康和营养状态。为了有效解决这一问题，国际组织、中央及地方政府等相关部门号召小农成立联盟组织，并通过联盟组织进行资金支持、信息传递以及开展培训。为了确保小农能够按时交付高质足量的食材给学校，联盟组织为小农提供优质种子、化肥等原材料，并为小农获得贷款等大额资金提供信用担保。

对于促进本地农业多样化发展，通过根据学校多样化餐食的需求，统筹安排生产活动，并开展生产技能及营养培训，确保农民获得农业知识和技能，具备多样化生产的能力。同时，农民掌握的营养知识程度增加，使得农民了解多样化饮食的重要性。除此之外，本地农业多样化发展还具有多重影响机制：一是农民收入增加，用于购买多种食物的支出能力增加；其次，若农民的孩子也正在享用学校餐食，则还在带回家的营养知识及"带回家的口粮"等溢出效应将会于农民本身产生的效应进行叠加，进一步强化了农业多样性。

表 1-3 中列出了学校供餐计划对农业的影响逻辑框架分析，图 1-7 进行了逻辑框架绘制。

表 1-3 学校供餐计划对农业影响的逻辑框架分析

投入	人力：国际组织培训人员；各级各类政府的农业部门工作人员；农民联盟组织的工作人员。 财力：批准的贷款金额；培训工作相关费用；食材生产的所需各项费用。 物力：农民联盟提供的各类设备、材料、资料及培训支持；食材生产和加工所需的各项原材料及工具。
过程	成立农民联盟组织；提供原材料、资金、信用通道等支持；开展技能和知识培训。
产出	本地小农能够参与到学校供餐计划；农民获得农业知识和技能；农民获得营养知识。
短期产效	参与学校供餐计划的本地农民的数量增加；学校从本地农民手中购买的食材种类增加；学校从本地农民手中购买的食材数量增加；农民的营养及生产知识储备增加；农民的预期可获得收入增加。
中期产效	农民生产产品的质量提升；本地农民生产产品形成规模效应；农业多样化程度增强；农民的饮食多样化水平提升。
长期产效	本地农业可持续发展。

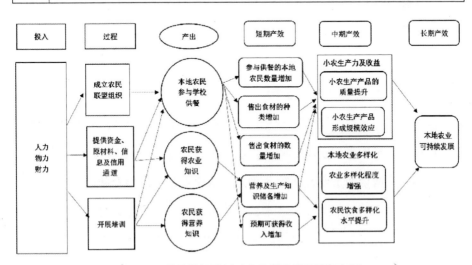

图 1-7 学校供餐计划对农业影响的逻辑框架图

图片来源：作者绘制。

4. 学校供餐计划对社会保障的影响

社会保障主要是向低收入人群提供收入或消费转移，提高边缘化人群的社会地位和权利，使其免遭生计风险；其总体目标是减少贫困，降低弱势群体及边缘化群体的经济和社会脆弱性。学校供餐计划在社会保障领域的最终目的是提升本地居民的整体生活水平。这一终极目标主要是通过减少短期和长期的贫困状态，提高收入来源和稳定性，以及进行社会变革三大途径来实现的。

对于减少短期和长期的贫困状态，通过学校供餐计划实施过程中进行的各项活动，为家庭提供食物、资金、技术、劳动力需求等服务，帮助家庭逐步脱贫。对于短期脱贫状态的理解较为直观，从对供应链模型的分析可知，学校供餐计划为学生在校期间每天提供一顿或多顿营养餐食，减少了家庭的部分膳食支出，而节约的支出可用于其他生活补贴或用于提高家庭生产力。之前因为需要照顾孩子饮食而留居家中的妇女，由于不需要为孩子烹饪午餐而拥有整段的时间可以外出务工（大部分国家和地区的学校供餐均为提供午餐），进而为增加额外收入提供了可能性。在地方政府及农民联盟组织的支持下，本地小农参与学校供餐计划的机会增多，一定程度上短期内可获得的预期收入增加。对于减少长期的贫困状态，主要包括本地小农生产结构的潜在转变，如形成规模效应。学校供餐计划的结构化需求以及接受的各项培训，使得农民在进行生产时会采用更好的原材料和技术，以及进行更大规模的生产活动，从而形成了收入的持久性增加。

对于提高收入来源和稳定性，通过学校供餐计划供应链模型中的五个环节提供的人力、财力、物力的相对稳定且大量的需求，为本地居民提供了更多的收入来源。收入的稳定性降低了间断性收入的风险，避免陷入贫困陷阱。

对于社会变革，通过学校供餐计划提高女童入学率，降低男女学生的性别差异；供餐计划中为更多的妇女和弱势群体提供了工作岗位，使他们可以更多地参与社区生活并获得收入。

　　除了上述途径外，学校供餐计划还对农民联盟组织、交易商、供餐企业和当地社区产生了诸多积极影响，进一步巩固社会保障成效。学校供餐计划的结构化需求需要更多的供餐企业提供服务，进而提高供餐企业工作人员的收入额度及稳定性；尤其是对于女性工作人员而言，收入的提高使其拥有更高的经济话语权和自主权，有利于提高社会地位。通过增加交易商在本地采购的食材数量和种类，建立稳固的需求和供给关系，有利于强化本地市场结构并提高市场交易活跃度。当地社区在学校供餐计划中的参与程度越高，计划在各方面的推行就越顺畅，对于社区居民带来的效益就越多，甚至形成乘积效应。

　　表1-4中列出了学校供餐计划对社会保障的影响逻辑框架分析，图1-8进行了逻辑框架绘制。

表1-4　学校供餐计划对社会保障影响的逻辑框架分析

投入	人力：各级各类政府的相关部门工作人员；各级各类组织的工作人员。 财力：组织工作相关费用；培训工作相关费用；监管工作相关费用。 物力：政府及组织提供的各类设备、材料、资料及培训支持；监管系统。
过程	为学生提供安全营养的食物；为本地小农参与学校供餐提供各项服务；在本地雇用劳动力；为妇女和弱势群体提供工作岗位；开展工作培训。
产出	学生享用到营养餐食；本地小农参与学校供餐计划；本地居民获得工作岗位及收入；妇女及弱势群体获得工作岗位及收入；本地居民获得相应的工作技能。
短期产效	进入学校接受教育的学生数量增加；参与学校供餐计划的本地农民的数量增加；本地居民的就业率及收入增加；本地妇女和弱势群体的就业率及收入增加；本地居民的预期可获得收入增加。
中期产效	男女童接受教育的机会均等；本地贫困户数量减少；本地人均收入增加；本地妇女及弱势群体的收入增加；本地妇女及弱势群体的社会地位提升；避免贫困陷阱。
长期产效	提升本地居民的整体生活水平。

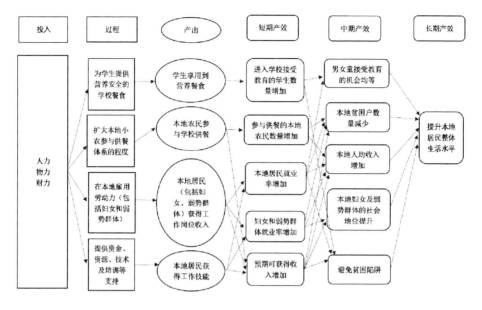

图 1-8　学校供餐计划对社会保障影响的逻辑框架图

图片来源：作者绘制。

5. 学校供餐计划影响分析的指标框架建立

由上述分析可知，部分重要的活动会同时在不同的领域产生实施效果，不利于指标体系的构建。因此，以下从受益群体来进行划分，构建相应的评估指标体系。

根据对学校供餐计划供应链模型各个环节的分析，可知该计划可使多个群体受益。根据供餐计划的实施目的，可以多个受益群体进行等级划分。传统的学校供餐计划主要是保障贫困家庭的孩子的饮食安全，并提高接受教育的程度；由此产生的价值转移又对家庭带来了相应的利益，因此可将学生及其家庭列为第一受益等级。农校结合学校供餐计划强调了对于当地小农及其家庭的关注，由此可将农民（及其家庭）列为第二受益等级。由于学校供餐提供了稳定的规模化需求，而短期内小农的生产能力不足以支撑整个供餐计划的运行，因此供应链上的交易商、供餐企业及社区均可从中获益，可将他们列为第三受益等级。表1-5中列出了供餐计划给主要受益群体带来产效的指标框架。

表1-5　学校供餐计划的产效评估指标框架

产效（按照受益群体划分）	指标	数据获取途径
学生		
接受教育的机会增加	出勤率、辍学率、入学率	统计数据、问卷调查
饮食摄入热量增加	平均摄入热量值、三大营养物质	查阅资料、问卷调查
摄入的微量元素增加	平均摄入的微量元素值	查阅资料
性别差异减少	在校的男生数、女生数	查阅资料、监测数据
学习和认知能力提高	数学、语文、英语成绩	查阅资料、监测数据
注意力提升	学生课堂表现	问卷调查
身体表征改善	身高、体重、BMI、基础代谢率	监测数据
微量元素状态改善	血液中微量元素的含量	监测数据
体育活动表现改善	体育课表现及成绩	查阅资料、监测数据
营养知识储备增加	营养知识测评得分	问卷调查
家庭		
可支配收入增加（来自价值转移）	学校餐食的市场价格	查阅资料、问卷调查
可支配收入增加（来自再生产及投资）	价值转移用于再生产或投资获得的收入	问卷调查
可支配收入增加（来自务工收入）	务工获得的收入	查阅资料、问卷调查
饮食摄入能量提高	平均摄入热量值、三大营养物质	问卷调查
营养知识储备增加	营养知识测评得分	问卷调查
饮食多样化程度增强	饮食多样化测评得分	问卷调查

产效（按照受益群体划分）	指标	数据获取途径
农民		
参与供餐计划的人数增加	参与学校供餐计划的农民数量	查阅资料、问卷调查
学校购买的食材种类增加	学校采买的食材种类	查阅资料、问卷调查
学校购买的食材数量增加	学校采买的食材数量	查阅资料、问卷调查
生产产品的质量提升	农民生产产品的质量等级	监测数据
获得收入增加	农民平均生产收入	查阅资料、问卷调查
生产知识和技能储备增加	农民生产知识和技能测评得分	问卷调查、实地走访
营养知识储备增加	农民营养知识测评得分	问卷调查
饮食多样化程度提升	农民日常饮食中的食材种类	问卷调查
社区		
本地居民就业率增加	本地居民就业率	查阅资料、问卷调查
本地贫困户数量减少	本地贫困户数量	查阅资料、监测数据
本地人均收入增加	本地居民人均收入	查阅资料、问卷调查
妇女及弱势群体就业率增加	本地妇女及弱势群体的就业率	查阅资料、问卷调查
妇女及弱势群体的收入增加	本地妇女及弱势群体的平均收入	查阅资料、问卷调查
本地农业多样化水平提升	本地种植的农产品的种类数量	查阅资料、问卷调查
本地农民生产形成规模效应	本地大型农业基地数量	查阅资料、实地走访

表 1-5 中列出了学校供餐计划的实施对四个主要受益群体带来的产效，并对数据获得途径进行了说明。由于各个国家和地区对于学校供餐计划的实施目的以及监测评估系统的建立不尽相同，可根据实际情况和需求进行相应的取舍和调整。近年来，各国和地区逐渐加大了对监测评估系统的构建力度，在实际操作中可结合上表进行具体分析和设计。

四、学校供餐计划产生的综合影响——实践研究

卫生、教育和农业是社会和经济发展的支柱，很少有某一项计划或项目可以同时产生多方面的积极影响。学校供餐计划作为跨领域的系统工程，既可以为教育、卫生和农业带来既视的短期利益，又可以为其带来可预期的长期影响。此外，学校供餐计划产生的积极影响具有代际传递效应：获得足够营养的儿童会成为更好的学习者；受过良好教育的儿童成年后会更具有生产力，并且成为更合格的父母；受过良好教育的父母更有可能生育更健康的儿童，并为儿童提供接受良好教育的机会（世界粮食计划署，2006；Kamanda 等人，2016）。如此形成的良性循环有助于从根本上阻断贫困的代际传递。近期的研究报告再次强调了青少年（尤其是青春期少女）在成为父母之前的生活和教育水平的重要性，赋予青少年更多的关爱、权利和保护是打破贫困代际传递的最有效方式。国家和社会应尽全力为其提供高质量的教育和营养保障，提高青少年的内在认知和自信心，确保他们可以应对新时代的人力资本需求（联合国儿童基金会，2016）。

由前文所述，学校尤其是小学，通常是一个国家中数量最多的机构，为有效地帮助贫困儿童及开展营养干预等活动提供了良好平台。几乎每个国家都为提高教育质量投入了大量的资金，但是如果在学校中的孩子处于饥饿状态，不能有效地进行学习；又或者由于贫困等原因，父母不愿送孩子去学校，那么这部分投资的效果就会大打折扣。学校供餐计划的实施为贫困家庭送孩子去学校提供了激励，由此带来的父母参与孩子的学校生活，进一步促进了孩子的成长和学习。国家层面的学校供餐计划更是有利于政治稳定和经济发展，作为有效的社会安全网可在多个层面上为民生提供保障。

经过多年的积极探索和实践，各国在进行学校供餐计划的监测和阶段性

评估时得到了大量的数据，验证了供餐计划产生的积极影响。按照相关受益群体分类，对这些积极影响进行总结和归纳。

（一）对学生群体产生的积极影响

首先，学校供餐计划有助于提高学校入学率、出勤率和巩固率，并降低辍学率。2003 年国际粮食政策研究所对孟加拉国的学校供餐计划进行了综合评价，发现实施该计划后，入学率提升了 14.2%，辍学率降低了 7.5%，出勤率每个月增加约 1.3 天（Akhter，2004）。2008 年世界银行对世界粮食计划署在乌干达北部实施的学校供餐计划进行了评估，再次验证了上述结论（Harold 等人，2010）。2016 年一项对尼日利亚的学校供餐计划评估报告指出，学校供餐计划使得公立小学的学生入学率提高了 78.4%，巩固率提高了 44.8%，此外还提高了学生在课堂及课外活动中的表现（Adekunle 等人，2016）。国际影响评价倡议（International Initiative for Impact Evaluation，简称 3IE）于 2016 年的一项研究对 52 个低收入和中等收入国家的 216 个教育项目进行了系统评估，发现学校膳食计划作为为数不多的教育干预措施之一，对于学生的入学、出勤、毕业以及在认知、语言和数学测试方面的成绩等方面都有积极影响（3IE，2016）。Gelli 对 32 个撒哈拉以南国家的学校供餐计划进行对比分析，得出学校的入学率平均增加了 10%（Gelli，2015）。Kristjansson 等综合分析了 45 个国家学校供餐计划，分析指出在整个学年里接受学校餐的学生比没有接受学校餐的学生出勤率要多出 4~7 天（Kristjansson 等人，2016）。

其次，学校供餐有助于提高学生认知能力、促进教育和学习。国际粮食政策研究所在对孟加拉国的学校供餐计划进行评估时，还发现该计划对于学生的成绩提升有显著的积极影响；尤其是数学学科成绩提升明显，相对于参照组成绩高出了 28.5%（Akhter，2004）。2016 年对印度学校供餐计划实施五周年的评估中发现参加午餐计划的学生成绩普遍提升了约 10%~20%；此外其他旨在提升教学质量的项目在和供餐计划协同实施时取得了更好的产出，而投资于学校基础设施的项目产出没有明显差异（Chakraborty 等人，2016）。2016 年对尼日利亚的学校供餐计划进行评估时还发现，无论是在学校享用学校餐食，还是带回家的口粮项目，均对学生的成绩提升有明显正向影响，其中将口粮带回家的学生的数学成绩提高 16.7%（Adekunle 等人，2016）。3IE 的研究显示学校供餐计划增加了儿童在认知、数学和语言测试方面的表现，标准化方法的差异分别为 +0.11、+0.10 和 +0.09（3IE，2016）。微量营养强化也能提高学习能力，Luo 等对 3600 名中国农村的四年级学生进行的一项研究显示，参与学校供餐的学生可以获得额外铁，这部分学生血液中的血红蛋白水平更高（+2g/L），在数学测试中表现更好（+0.1 标准偏差）（Luo 等人，2012）。在高收入国家，学校供餐同样改善了学生学习和认知。丹麦的一个试点项目验证了，接受健康学校餐（"新北欧饮食"）的学生的语言能力比从家里自带午餐的同龄学生要高，在阅读速度上高出 11%，阅读正确率高出 25%（Sorensen 等人，2015）。

再次，学校供餐计划通过减少儿童的短期和长期饥饿，改善儿童行为并减少抑郁。早在 2001 年针对美国学龄儿童的一项研究就发现，食物不安全及食物不足对学生的心理、认知及学术表现均有显著影响，具体表现为食物不足的学生很难与其他孩子相处，并且数学成绩较低，更有可能出现心理问题（Alaimo 等人，2001）。另一项研究对更多的潜在因素进行控制后得到了类似的结论，强调了低收入家庭处于严重饥饿中的儿童，出现身体健康和心理健康欠佳的概率更高（Weinreb 等人，2002）。

此外，学校供餐可以解决学生的热量及特定营养需求。2011 年 Jomaa 等人对 1990 年至 2011 年期间发表的文章进行了综述，系统分析了学校供餐对发展中国家教育、健康和营养干预的影响，指出学校供餐对于食物摄入、微量元素、入学率等方面均具有积极作用（Jomaa 等人，2011）。2010 年 Afridi 对印度的学校供餐计划的调查研究发现，享用营养午餐的学生每天的热量摄入增加了 49%~100%，蛋白质摄入提升了 10%，同时缺铁量降低了约 10%（Afidi，2010）。Kristjansson 等分析研究了 45 份世界各地的学校供餐计划，指出若每天为小学生多提供 401 千卡热量的食物，以每年 200 天计算，参与学校供餐的学生要比不参与计划的学生体重增加 0.37 公斤（Kristjansson 等人，2016）。Abizari 在加纳进行的一项研究表明，在参加学校供餐计划的学生中，能量、营养和微量营养素的摄入明显更高，而且更充分。此外，与对照组相比，贫血患病率降低了 10%（Abizari，2014）。印度的午餐计划是世界上最大规模的学校供餐计划，对儿童的身高、体重和健康有显著的正面影响，尤其是那些正遭受干旱和相关作物损失影响的家庭（Singh 等人，2014）。学校供餐通常运用强化手段，以提供给学生额外的微量营养元素。Best 系统地回顾了 11 个国家学校膳食强化的 12 项研究，发现强化学校膳食或零食可以持续减少贫血的发生，改善微量营养素的状态（特别是铁、维生素 A、碘和叶酸）（Best，2011）。一些研究也报告了学习状况的改善和发病率的降低。分析显示，若学校的膳食计划与驱虫结合在一起，将对受感染儿童有积极影响，患儿平均体重增加 0.75 公斤（Taylor 等人，2015；Croke 等人，2016）。此外，部分国家学校供餐计划还包括分发带回家的口粮（将计划下发数量的粮食带回家食用）。Kazianga 在布基纳法索的一项研究显示，参与带回家的口粮项目的学生，其弟弟妹妹的体重比对照组要高得多（增加 0.4 个标准差）（Kazianga 等人，2014）。

同时，学校供餐有助于促进性别公平。Afridi 在 2007 年对印度学校供餐计划进行调研时，还发现自实施该计划后，一年级女生的平均月入学率上升了超过 10%（Afridi，2007）。调研报告显示，印度的学校供餐计划对于整体的入学率没有太大的促进作用，但是对来自弱势社会群体的女童入学率提升有较明显的影响，即该计划有助于促进学龄儿童在入学时的性别平等。2009年，Afridi 再次对印度农村地区的一项学校供餐方式转变进行了评估，若将每月的家庭粮食配给转变为到学校用餐，一年级女生的月均出勤率要比男生高 12% 以上，明显高于男生月均出勤率的提升（Afridi，2009）。2007年 Gelli 等人在世界粮食计划署的组织下对 32 个非洲国家的学校供餐计划进行了系统研究，并着重对学校供餐计划对女童入学率的影响进行了分析（Gelli 等人，2007）。报告显示，尽管各个国家的计划推行模式不同，但在提高女童入学率方面均有显著影响。带回家的口粮项目对于女童在第一年的绝对入学率平均提升了 28%，男童提升了 22%；若同时提供在校餐食，则女童的第一年绝对入学率提升了 30%，并且之后每年基本保持稳定。

最后，学校供餐计划可一定程度上弥补早期发育不良产生的负面影响。Abhijeet 在 2011 年对印度的学校供餐计划进行研究时验证了学校提供的营养餐食在一定程度上可以缓解营养不良带来的负面影响（Abhijeet，2011）。菲律宾政府在 2013—2014 学年针对超过 4 万名严重消瘦的学生开展了为期 100~120 天的学校供餐计划试验。研究结果显示，在实验结束时约有 62% 的学生达到了正常营养状况的最低范围。至少有 62% 的受访父母表示他们的孩子在试验结束时达到了正常体重，19% 的父母表示其孩子仍没有达到正常体重。此外，学生们在学校的表现也验证了学校供餐计划对于早期发育不良具有一定的正面影响。接受访谈的教师表示，大部分的学生在接受营养餐食后在注意力方面有所提升，94% 参与试验的学生的出勤率明显提高，社交能力有所改善（Ramon 等人，2016）。

（二）对家庭产生的积极影响

学校供餐有助于减少家庭的粮食不安全及贫穷。国际粮食政策研究所在对孟加拉国的学校供餐计划进行评估时，发现在食用强化饼干一年之后，除了在教育领域的诸多改善之外，该计划也显著提升了学生的饮食营养。强化饼干为参与该计划的学生提供了 97% 的能量来源，以及维生素 A、蛋白质和铁。此外，生活在贫困地区的学生会将饼干带回家与家人分享，由此产生的溢出效应也对其年幼的兄弟姐妹产生了正面影响（Akhter，2004）。Paruzzolo 在 2009 年的报告中分析了学校供餐计划对家长送孩子接受教育的激励作用，通过提供餐食减少家庭支出，一定程度上可以减轻家庭的喂养压力（Paruzzolo，2009）。Bundy 等人的研究也验证了上述结论。此外，根据世界粮食计划署与波士顿咨询公司联合建立的投资工具可知，学校供餐为家庭节省的食物支出所产生的价值转移将产生多重的效益，不但可以节约食物支出，还可以将这部分资金用于购买生产材料或技术提升，从而带来更大的收入（世界粮食计划署，2013）。Banerjee 等人对这部分价值转移进行了定量研究，指出在发展中国家，最贫困的家庭将收入的 85.5% 用于消费，其余的14.5% 用于购买生产性资产。也就是说，通过学校供餐计划每 100 美元的价值转移，将有 14.5 美元用于生产性投资，而这部分投资将带来后续更多的家庭收入（Banerjee 等人，2004）。

（三）对社区产生的积极影响

学校供餐计划可为当地居民（尤其是低技能的妇女和青年）提供就业机会。尼日利亚政府在 2014 年全球儿童营养论坛的发言中指出，尼日利亚政府的通过学校供餐计划为妇女和青年提供了约 2 万份工作岗位。这些岗位中包括约 6000 位厨师和助理厨师，400 多名渔业养殖者，2250 名鸡肉生产和加工人员，约 1 万名小农参与了可可的种植和加工，1000 名鸡蛋生产和打包人员，其余为牛肉的生产和加工人员、运输人员及其他工种（全球儿童营养基金会，2015）。论坛上其他国家的项目负责人也提供了相关的就业数据：博茨瓦纳提供了 7500 个公共和私营部门的岗位用于实施学校供餐计划，佛得角提供了 1000 个就业岗位，莱索托雇用了 3000 多名厨师及 300 位农民，纳米比亚则要求雇用的人员必须至少 75% 来自本地劳工，尼日尔政府出资雇用了 300 多名厨师和食品加工人员。2017 年利特拉瓦尔食品开发办公室发布的一份报告中也提到了学校供餐计划创造的就业岗位数量（利特拉瓦尔食品开发办公室，2017）。一项由美国农业部在孟加拉国资助开展的学校牛奶计划为当地提供了 500 多个就业岗位；泰国的学校牛奶计划也为当地的乳制品加工也提供了大量的需求，乳制品合作社的数量从 1996 年的 62 家上升至 2009 年的 117 家。

（四）对政府产生的积极影响

首先，学校供餐计划可作为社会保护安全网，并在一定程度上缓解灾难产生的不良后果。2015 年世界银行的一项研究显示，目前有 131 个国家将学校供餐计划作为社会保护安全网（世界银行，2015）。2011 年 Alderman 等人对之前的学校供餐计划研究成果进行综述时，着重对于其作为社会保护安全网的作用进行了详细分析，结果显示学校供餐计划可以增加人力资本投入，同时为贫困家庭提供支持，因此可以胜任当前减贫工作的需求（Alderman，2011）。Abhijeet 在 2011 年对印度的学校供餐计划进行研究时，再次验证了计划推行可作为儿童的保护网，缓解由于营养不良带来的负面影响；尤其是对于来自干旱地区的儿童，他们的健康状况有了明显改善

（Abhijeet，2011）。2015 年世界粮食计划署对拉丁美洲及加勒比地区的学校供餐计划作为社会保护安全网的角色进行了系统研究，结论显示学校供餐计划确实是一项强大的安全网。供餐计划作为国家政策的一部分，与最弱势群体有广泛联系，并且作为大规模的营养干预，对于社区的积极影响是可预期的。家长们知道孩子每天可以在学校享用一顿营养餐食，这种可预测性使得家长可以将家庭资源的一部分用于其他的消费及可提高生产能力的支出。此外，通过提高入学率、降低因疾病造成的缺勤率有助于完成正常的教育周期，可与其他提升教育质量的项目协同会发作用，进而促进人力资本发展。一些国家还将学校供餐作为应对自然或人为危机的平台，在这些国家通常指定社会保障部门作为供餐计划的牵头机构（世界粮食计划署，2015）。无论天灾人祸，学校供餐计划均可一定程度上缓解灾难带来的影响，并助力灾后重建。世界粮食计划署作为世界上最大的人道主义组织及低收入水平国家学校供餐计划的主要提供者，在紧急情况下实施学校供餐的历史由来已久。通过提供强化饼干、开展营养健康教育以及资金资助等形式，温暖了灾区民众的内心，重燃他们对生活的希望。

其次，学校供餐有助于农业和社区发展。2017 年世界粮食计划署对联合国粮食及农业组织及巴西政府于 2009 年联合启动实施的一项农校结合项目进行了系统总结，报告指出"在洪都拉斯、哥斯达黎加、萨尔瓦多、危地马拉、巴拉圭、多米尼加共和国、格林纳达、圣卢西亚等国家，通过考虑当地学生的营养状况及饮食习惯，从当地家庭农场购买新鲜的应季食材，为学生制定了健康且符合地方特色的学校供餐食谱"。"整个供餐过程表明，若学校直接从当地农民手中购买高品质的食材对整个社区的发展均有好处：农民可以从中获得就业和创收的机会，学生可以享用到健康新鲜的食材"。报告还提出论断，学校供餐计划通过有效联结地方政府、农民、合作社和当地社区，可促进教育、营养和农业之间的联系，保障学校供餐的动态性和可持续发展（世界粮食计划署，2017）。洪都拉斯政府在世界粮食计划署和其他合作伙伴的支持下，正在将各种农校合作模式纳入到国家学校供餐计划，该计划通过引进当地小农提供的新鲜食材为 130 万儿童制作健康餐食。政府有一个明确的愿景，即加强学校供餐与当地农业之间的联系，以最大限度地提高儿童营养以及小农和当地社区的利益。洪都拉斯政府投资了 130 万美元来丰富国家供餐计划的食品篮子并提供新鲜的本地农产品，2016 年超过 14.25 万名学前儿童和小学生因此受益。巴西作为较早开展学校供餐计划的国家之一，一直在积极探索适合本国实际情况和预期目标的实施模式。作为国家"零饥饿计划"的关键组成部分之一，2009 年通过的一项法律要求学校供餐计划中的食材采购至少有 30% 应来自小农或小农组织。这就为农民的收入提供了稳定预期，减少了不确定性及风险因素，一定程度上保证了价格的稳定和食材的高质量水平，促进了食物多样化（联合国开发计划署，2013）。同时巴西学校供餐计划中用于采购小农提供食材的资金预算保持稳定增长，从 2011 年的 7.8% 提高到 2014 年的 21.4%（Christiani，2017）。

再次，学校供餐计划有助于建立和维持政治支持。2009 年世界银行、世界粮食计划署及儿童发展合作伙伴关系组织联合发表了反思学校供餐分析报告，意在增进对各国对学校供餐计划的理解（Bundy et al.，2009）。各国政府已清晰地认识到学校供餐计划有多重好处，是帮助最弱势群体的重要工具；作为一个社会安全网，通过提高入学率及减少缺勤率，为家庭提供价值转移；吸引学生进入学校并留在学校，可减少饥饿现象的发生，并一定程度上增强认知能力，从而帮助提高学生成绩。学校供餐计划也有助于构建稳定的食物体系，给当地农民提供一个可预期的食物需求，使农民受益并促进当地经济可持续发展。目前许多国家正在设计或重新设计学校供餐计划，并将促进公众食品安全意识及经济发展纳入其中。学校供餐计划作为供应链的关键中间环节，有效地衔接了生产者和消费者，并同时为供应链上的各个环节参与者提供相对应的利益。分析学校供餐计划的资金投入，可以看出低收入水平国家的投入水平在 4 年间提高了 12%（世界粮食计划署，2013）。部分国家也通过实施学校供餐计划提升了政府的政治支持。巴西于 20 世纪 40 年代初期引进了学校供餐计划，20 世纪 50 年代进行了全国推广，1972 年成立国家食品和营养研究所来具体负责学校供餐计划。尽管在 70 多年间历经了 20 多位总统和统治者，不断变化计划名称，但是学校供餐计划一直没有中断，至今也仍然受到广大人民群众的推崇和支持（世界粮食计划署，2016）。日本政府历来重视学校供餐，学校午餐是日本人对学校生活的回忆。在日本的教育、文化、体育、科学和技术部甚至建立了一个小型的博物馆，展出了每一代日本民众的学校午餐模型。民众十分支持政府的学校供餐计划，并对政府该项工作给予了好评。

此外，学校供餐计划有助于开展营养教育并阻断营养知识匮乏的代际传递。2003 年 Perez 等人对学校营养教育的经验和挑战进行了系统分析，研究结果指出随着人一生的成长，一直在进行营养知识的获取和经验积累。在儿童早期，对于饮食习惯的建立主要受家庭影响，进入学校后，受到外界的影响逐渐增多。学龄儿童开始建立自己对于食物的偏好，此时朋友、同伴和社会模式对其产生的影响最大。并且明确指出，在婴儿时期和童年时期培养的饮食习惯和模式将对其健康产生重要的影响，并对成年之后慢性病的发作有着潜在影响。此外，青少年时期形成的饮食习惯将延续至成年。因此，青少年时期开展营养教育极为重要，而学校提供了最直接和最有效的途径。学校供餐为营养教育提供了宝贵的机会，提供的营养餐食与课堂或户外教学的内容相一致，对于学生的健康饮食习惯建立具有不可替代的作用（Perez，

2003）。为了研究学校营养教育对于预防儿童超重问题的有效性，Jonas 等人进行了一项干预试验，结果验证了学校餐食增加更多的新鲜蔬菜和水果将对预防儿童肥胖具有正面影响（Jonas 等人，2011）。2015 年 Maslow 对学校营养教育和饮食环境进行了研究，指出学校是建立和加强学生健康饮食行为的重要场所，可以促进学生成年后健康生活方式的形成（Maslow，2015）。对于代际传递的作用，更多的体现在父母接受教育对下一代的影响。Gakidou（Gakidou，2010）的研究验证了在 1970—2009 年期间世界各地的儿童死亡率大幅下降，大约 50% 可以归因于他们母亲受教育程度的提高。高水平的教育和儿童婚姻的减少之间也存在着很强的相关性。联合国教科文组织的研究显示，在发展中国家，超过 60% 的童婚新娘没有接受正规教育；如果撒哈拉以南非洲、南亚和西亚的所有女童都接受过中学教育，那么童婚将会下降 64%，从近 290 万降至略高于 100 万（联合国教科文组织，2014）。

最后，学校供餐计划可带来良好的投资回报。一项对来自 139 个国家的 800 多份调查的计算显示，平均每多接受一年的教育，个人收入将增加了 10%。女性的回报比男性高，低收入或中等收入国家的回报通常高于高收入国家（Montenegro 等人，2014）。儿童早期干预也有助于提升个人收入。Gertler 等人走访了牙买加一项社会心理刺激计划的受益者，发现在该项目结束后的 20 年里，他们的收入比发育不良的对照组高 25%，足以让他们赶上正常同龄人的收入（Gertler 等人，2014）。在国家层面上，额外的教育也对人均 GDP 和贫困率产生了积极影响。联合国儿童基金会 2015 年报告中指出，人均受教育年限每增加一年，将会对人均 GDP 产生 13%~15% 的提升。并且，对于 25~34 岁年龄人群而言，每增加一年教育将导致该国的贫困率下降 9%（联合国教科文组织，2015）。联合国粮食计划署的经济模型显示，每 1 美元的学校供餐投入，就能从改善的卫生、教育和生产力中获得 3 至 10 美元的经济回报（世界粮食计划署，2013）。Patrinos 等对 114 个国家的 1985—2005 年数据进行分析，指出增加教育水平（用平均受教育年限来表示）和降低收入不平等（用基尼系数表示）之间有显著相关性，每增加一年的教育将引起基尼系数降低 1.4%（Patinos 等人，2013）。受过教育的人和其后代往往更健康。在一项跨国家的研究中发现，在非洲以外的发展中国家，至少接受小学教育的妇女的死亡率比未接受小学教育的妇女低 36%。在非洲，这一比率为 14%。受教育程度较高的母亲，其孩子更有可能上学。对 16 个撒哈拉以南非洲国家的研究发现，平均而言，母亲没有接受过教育的孩子有 68% 的可能去上学，母亲接受过 6 年教育的孩子有 87.7% 的比率去上学，而接受过 12 年教育的母亲，其孩子去上学的比率可达到 95.5%（Majgaard 等人，2012）。此外，越来越多的国家研究显示学校供餐计划本身也可以创造就业机会，改善学校附近社区的生计，特别是从当地采购食物并进行加工，但目前该方面的量化研究较少。为了衡量学校供餐计划的投资回报，波士顿咨询集团与世界粮食计划署联合对埃塞俄比亚、孟加拉国和洪都拉斯三个国家的学校供餐计划的成本 - 效益进行了分析。作为评估的最初版本，主要包含三方面的效益：营养 / 健康、教育，以及转移收入（以本地市场价格表示的学校供餐口粮价值）等，但是对于较难量化的效益未包含在建模中，比如给本地农业经济带来的效益等。之后进行的敏感度分析也显示，即便是最坏的情况，学校供餐计划依然具有良好的投资回报。截至目前，该项评估已拓展至 14 个国家，计算的投资回报率在 3~9 美元之间，平均回报率为 5 美元。2015 年一项对孟加拉国的学校供餐计划的投资回报率研究报告中指出，参与供餐计划的学生出勤率比没有参加营养干预的学生高出 20%~28%，考虑教育的综合影响，该计划对于以后在农村务工的学生的终身收入将提高 7%~16%，对于以后在城市务工的学生的终身收入将提高

13%~25%；并且这种影响对于女性的作用要大于男性。报告还得出结论，学校供餐计划是一项具有高回报率的经济投资，同时也是一种强大的减贫工具（Maslow，2015）。2016年出版的学校供餐计划国家案例集中明确指出，今天对学生进行营养干预的投资，将来将节省巨大的疾病防控投入（儿童发展合作伙伴关系组织，2016）。

第二章　学校供餐计划的成本－效益分析

一、学校供餐计划的成本及效益

（一）基本概念厘清

《现代汉语词典》将成本定义为生产一种产品所需的全部费用。成本是商品经济的价值范畴，是商品价值的组成部分。人们要进行生产经营活动或达到一定的目的，就必须耗费一定的资源，其所费资源的货币表现及其对象化称之为成本。并且随着商品经济的不断发展，成本概念的内涵和外延都处于不断地变化发展之中（张五常，2011）。成本主要包含三个方面的含义，首先，成本属于商品经济的价值范畴，是构成商品价值的重要组成部分；其次，成本具有补偿的性质，可以保证企业从销售收入中得到补偿价值用于再生产；最后，成本本质上是一种价值牺牲，是为了达到一种目的而放弃另一种目的所牺牲的经济价值（也称为机会成本）。根据不同的分类原则，成本可以进行多种划分。

《现代汉语词典》将效益定义为效果和利益，反映了资源消耗、劳动占用与所获得的符合社会需要的劳动成果之间的对比关系。效益具有三个关键因素，首先，效益是用来描述社会生产和再生产活动的结果的，具有社会生产活动的实践性和创造性特征，是社会生产活动区别于其他自然活动的重要标志；其次，只有符合社会需要的成果才可能实现效益，不能满足需要和实现价值的产品是没有必要被生产出来的，也就无效益可言；最后，效益体现了投入与产出之间的对比关系，如果社会生产活动所产生的价值能够补偿所消耗的生产资料价值并有剩余，就说明该项社会生产活动产生了效益。但是，随着社会经济活动日益复杂，价值的范畴在不断变化，狭义的价值可以仅指经济价值，用货币单位进行衡量。而广义的价值可以用来概括所有对社会发展有利的成果，这些成果有的可以用货币单位来衡量，有的需要用其他数量单位来衡量，而有一些成果无法用直接的指标数据来衡量，需要用替代指标或者评价指标来衡量。效益的分类原则相对简单，按照效益实现范围的不同，可以划分为内部效益和外部效益；按照效益产生的时间不同，可以划分为直接效益和间接效益；按照效益表现形式的不同，可以划分为经济效益、社会效益和环境效益等。

（二）学校供餐计划的成本

由前述分析可知，农校结合计划在传统学校供餐计划基础上添加本地小农及其家庭同时作为受益群体，是对传统学校供餐计划的发展和延伸。因此，本节的成本分析是针对农校结合计划进行的，如果某计划没有强调本地小农的参与，那么省略掉开展相应活动的成本即可。根据供应链的分析结果，按照学校供餐计划的推行层面对成本进行汇总分析。学校供餐计划的发展趋势是形成由各国自主运营的可持续发展计划，但目前仍有部分低收入国家的学校供餐计划是由世界粮食计划署等国际组织组织开展的，因此广义上来讲，学校供餐计划的推行层面包括：国际层面、国家层面、地区层面、学校层面等。

国际层面的活动主要包括对扶持国家的进行资金支持、技术支持、原材料支持以及监测和评估。对应的成本主要包括国际组织或其他支援国家开展相应活动所投入的人力、物力、财力和机会成本。这里将成本划分为资本成本、经常性成本和机会成本。其中资本成本包括：办公设备购置、办公人员招聘费用等。经常性成本包括：食材购买、食材运输、专家差旅、生活补贴、医疗津贴、人员培训、资料印刷、汽车燃油、汽车维修及监测和评估等费用。以及相关人员为此项工作而产生的机会成本。

国家层面的活动主要对应于供应链上的食材生产、食材交易（集约型）、食材采购（集约型、半分散型）及监测和评估。对应的成本主要包括国家供餐计划各机构部门、农民、交易商、运输商开展相应活动所投入的人力、物力、财力和机会成本。这里资本成本包括国家一级学校供餐计划工作人员的办公设备购置及人员招聘费用、农民联盟（合作社）工作人员的办公设备购置及人员招聘费用等。经常性成本包括：原材料（种子、化肥）购买、种植设备购买和维护、招标、食材购买、食材运输、人员培训、食材存贮、资料印刷、汽车燃油、汽车维修及监测和评估费用等。以及相关人员为此项工作而产生的机会成本。

地区层面的各项成本与国家层面的构成类似，此处不再赘述。

学校层面的活动主要包括食材采购、食物处理加工及组织学生用餐。对应的成本主要包括学校、当地社区及家长开展相应活动所投入的人力、物力、财力和机会成本。这里将成本划分为资本成本、经常性成本以及机会成本。其中资本成本包括：食堂建设、厨房施工、炉具排烟系统建设、储存室建设、厕所建设、供水系统建设、洗手设备建设；各类厨具和餐具的购置费用等。经常性成本主要包括：厨房维修、炉具及抽烟系统维修、食堂维护、仓库维护及消毒、水、电、煤、各类调味品、食用油；食堂工作人员（管理人员、厨师、安保人员等）工资、食堂工作人员体检、食堂工作人员培训；厕所维护、洗手设备维修、供水管道维修；分餐、食材存贮管理、汽车燃油、汽车维修；监测和评估费用等。以及各利益相关人群从事目前工作相对应的机会成本。

综合上述各个层面的成本支出，表 2-1 中对整个学校供餐计划的实施成本进行了归纳整理。

表 2-1　学校供餐计划的各类成本

资本成本	经常性成本	机会成本
办公设备购置费用； 人员招聘费用。	购买食材费用； 食材及食品运输费用； 食材及食品存储和处理费用； 食材及食品质量控制费用； 食材以外物品的购买费用； 食材以外物品的运输费用； 员工工资； 住房补贴； 医疗津贴； 员工培训费用； 办公用品的采买和补充费用； 办公场地的租赁费用； 资料和印刷费用； 差旅和住宿费用； 汽车燃油费用； 车辆维修费用； 监测和评估系统费用； 其他杂费。	相关利益群体放弃其他活动而产生的机会成本； 各类投入资金的机会成本。

（三）学校供餐计划的效益

本节分析学校供餐计划的实施效益。综合考量前文对于传统的学校供餐计划及农校结合供餐计划的介绍，可以得到供餐计划对各受益群体产生的效益。

传统的学校供餐计划的主要受益群体为学生、家庭及政府。对学生产生效益主要是通过增加其受教育的机会，并对营养和健康状态进行干预来实现的；对家庭产生效益的主要   部分来源是学校提供膳食的市场价值作为价值转移部分给家庭带来的可支配收入的增加，以及由此节约的时间和资金带来的未来可预期收入的提高；得益于学生接受教育的时间及学校质量的提高，社会整体获得的教育产出将明显增加；而学生的营养和健康状况改善，则可帮助政府减少用于疾病等产生的保障支出。

农校结合学校供餐计划在传统供餐计划基础上强调了小农的参与，以及本地新鲜食材的供应。因此对于学生群体带来了额外的效益，即可以更多地享用到多样化的食材，并养成良好的饮食习惯；通过提供资金、信息、技术、信用等通道，扩展小农在学校供餐计划中的参与程度，使其获得稳定的可预期收入以及生产知识和技能的提高；社区的积极参与有助于推进供餐计划的顺利实施，相应的也为社区居民带来了多重效益。

表 2-2 及表 2-3 分别列出了传统学校供餐计划和农校结合学校供餐计划对各受益群体可能带来的潜在效益。

表 2-2　传统学校供餐计划的相关受益群体及潜在效益

相关受益群体	潜在效益
学生	受教育机会增加
	营养健康状况改善
家庭	可支配收入增加（来自价值转移）
	未来可预期收入增加
政府	整体教育产出水平增加
	对健康和社会保障的支出降低

表 2-3 农校结合供餐计划的相关受益群体及潜在效益

相关受益群体	潜在效益
学生	受教育机会增加
	营养健康状况改善
	更健康的饮食习惯
	饮食多样化程度增加
家庭	可支配收入增加（来自价值转移）
	未来可预期收入增加
	家校合作程度提升
小农	进入市场的机会和途径增加
	获得生产资源和信用的机会增加
	获得稳定的可预期收入
	生产知识和技能提高
	饮食多样化程度增加
社区	对劳动力需求增加
	本地居民更健康的饮食习惯
	本地居民的饮食多样化程度提升
	农业弹性程度增加
政府	整体教育产出水平增加
	更加包容的社会保障系统
	农业可持续发展程度提升
	经济活动更加活跃

二、学校供餐计划成本－效益比率分析

（一）成本－效益分析相关概念

成本－效益分析是基于效益折现值和费用折现值的量值大小来判断和评价公共部门或非营利性部门项目投资的资源配置效率的一种方法。

传统的成本－效益分析主要着眼于效率，基于一种较强的假设，即社会资源已经达到理想的公平分配状态，或者政府在项目层次之外有其他手段来实现公平的分配。总体而言，成本－效益分析只是从效率准则出发，其目的在于提高资源的利用效率，从而提高全社会的福利状况。而公共项目有多重目标，除了资源配置效率之外，还需考虑公平、就业、贫穷等非效率目标。但从经济评价角度来讲，资源配置效率则是更为重要的考虑因素；即便一项公共项目的主要实现目标是非效率目标，也应考虑效率方面的得失。

要对一项项目投资所产生的经济成本和效益进行计算，需要对利益相关者进行详细分析，并在此基础上进一步研究在特定社会经济背景条件下相关利益主体获得的收益及付出的成本，计算项目相关的费用和效益。综合现有分析可知，进行经济成本和效益分析及计算一般应遵循支付意愿原则、受偿意愿原则、机会成本原则及实际价值计算原则。

运用成本－效益分析方法对项目进行经济分析，首先对项目的费用和效益中可量化的部分进行数量化，之后可通过计算净现值、内部收益率和效益成本比率等指标，来分析项目投资的经济效率。这里简要介绍相关量值的概念及计算公式。

1. 净现值（NPV）

净现值（Net Present Value，简称 NPV），是指项目按照社会折现率将计

算期内各年的净效益流量折算到建设期初的现值之和，是反映项目对经济净贡献的绝对指标，其表达式为

$$\text{NPV}=\sum_{t=1}^{n}(B-C)_t(1+i_s)^{-t},$$

其中，B 为效益流量，C 为成本流量，$(B-C)_t$ 为第 t 期的净效益流量；i_s 为社会折现率，n 为项目计算期。

如果净现值大于或等于零，表明项目可以达到符合社会折现率的效率水平，认为该项目从资源配置的角度可以被接受。净现值越大，表示项目所带来的经济效益的绝对值越大。净现值指标的前提假设为任何一年发生的现金流量具有相同的时间价值，忽略现金流量内所包含的内容在性质上的不同。社会折现率表示了有用物品占用的机会成本。净现值大于零意味着该项目比现有其他投资机会可带来的利益要高，因此是可取的。

2. 内部收益率（IRR）

内部收益率（Internal Rate of Return，简称 IRR），是指项目在计算期内各年净效益流量的现值累计等于零时所对应的折现率。其表达式为

$$\sum_{t=1}^{n}(B-C)_t(1+IRR)^{-t}=0,$$

如果项目的内部收益率等于或大于社会折现率，表明项目资源配置的经济效率达到了可以被接受的水平。

3. 成本 – 效益比率（CBR）

成本 – 效益比率（Cost–Benefit Ratio，简称 CBR），是项目在计算期内产生的效益流现值与成本流现值的比率。其表达式为

$$\text{CBR}=\sum_{t=1}^{n}B_t(1+i_s)^{-t}/\sum_{t=1}^{n}C_t(1+i_s)^{-t},$$

其中 B_t 为第 t 期的经济效益，C_t 为第 t 期的经济成本。如果 CBR 的值

大于 1，表明项目资源配置的经济效率达到了可以被接受的水平。

（二）世界粮食计划署投资工具模型分析框架

由上一节分析可知，并不是学校供餐计划产生的所有影响都可以转化为货币价值。目前较为著名和成熟的成本－效益比率分析模型为世界粮食计划署和波士顿咨询公司联合推出的投资工具模型（Investment-tool），主要应用于对世界粮食计划署参与推进的学校供餐计划进行成本效益分析。投资工具模型开发工作组将其定位为向捐助者和政府说明学校供餐计划这一特定的社会安全网的长期成本和收益而开发的宣传工具。主要利用学术文献、国家层面收集的数据以及任职于世界粮食计划署的专家提供的信息等 3 个数据来源进行分析。投资工具模型不是一种指令性工具，不便于作为社会安全网项目的设计、实施或评估制定强制性的指导方针；也不是一种比较工具，不能直接用于评估不同类型的社会安全网项目的相对效力或有效性；更不是一种投资组合工具，不能用来设定国家的整套社会安全网项目的设计和分配。

投资工具模型截至目前共更新了两个版本，2009 年推出的初版曾被应用于十余个国家的计算，2011 年对模型进行了更新并且也被应用于 15 个国家的供餐计划实施效益分析。尽管在 2009 年出版的《重新思考学校供餐计划：社会保障、儿童发展和教育》中明确提出了农校结合的学校供餐计划，以及由此为当地农业和社区带来的多项直接或间接效益，但是截至目前推出的两个投资工具模型均仍未考量当地采购食材带来的实施效益。表 2-4 中列出了 2009 年推出的初版投资工具的一般逻辑框架，表 2-5 中列出了 2011 年推出的更新版投资工具的一般逻辑框架，表中各相应因素随不同国家学校供餐计划的差异而不同。

表 2-4　2009 年初版投资工具的逻辑框架

投入	产出	影响	价值生成
粮食计划署及本国各级政府用于学校供餐计划的支出	享用学校餐食的学生数量	家庭可支配收入增加； 入学率增加； 出勤率增加； 辍学率减少； 认知力提升； 肠道寄生虫数量降低； 微量元素缺乏率降低。	家庭收入的增加值； 价值转移带来的再投资收益值； 未来整个生命周期带来的预期收入增加值。

表 2-5　2011 年更新版本投资工具的逻辑框架

干预类型	直接影响	可以量化的影响
价值转移； 教育项目； 营养强化/除虫	家庭可支配收入变化； 入学率变化； 出勤率变化； 辍学率变化； 认知力变化； 微量元素缺乏状况变化； 肠道寄生虫数量变化。	家庭收入的增加值； 价值转移带来的再投资收益值； 更长的寿命； 生产力增加 更健康的生活。

　　由表 2-4 可知，2009 年初版投资工具模型主要是从投入 – 产出的角度选取了学校供餐计划的 7 项直接产效进行成本效益分析。价值生成中"家庭收入的增加值"主要是来自学校提供膳食而产生的价值转移；按照波士顿咨询公司的统计经验，人们一般不会将价值转移全部用于生活支出，而是将一部分用于提高生产能力，以获得再投资收益。"未来整个生命周期带来的预期收入增加值"是由三部分构成的：一是生产力的提升，二是整个生命周期中生产时间的增加，以及二者的乘积效应。模型中运用到了多项假设条件，以及波士顿咨询公司的经验数据。截至目前，该模型已被应用于十余个低收

入水平国家的学校供餐计划的实施效益评估。投资工具的计算结果与模型假设和参数设定具有密切的联系，通过进行敏感度分析，效益 – 成本比率值可相差数倍之多。根据世界粮食计划署计算结果显示，将初版投资工具模型应用于是个低收入水平国家的学校供餐计划的评估中，最差情况下的学校供餐计划效益 – 成本比率仍然可达 1.1，即为学校供餐计划投入 1 美元，将至少获得 1.1 美元的经济收益（世界粮食计划署，2009）。

由表 2-5 可知，2011 年更新版本的投资工具模型主要考虑了学校供餐计划中的三种干预措施，即价值转移、教育项目及营养强化 / 除虫。其中价值转移带来的直接产效为家庭可支配收入的变化，对于提供现金的学校供餐计划，则变化值即为该部分现金值，对于提供食物的学校供餐计划，则变化值为家庭节约的购买同等食材所需的货币值。根据世界粮食计划署、世界银行及波士顿咨询公司的相关研究结论可知，一般家庭不会把获得全部转移价值直接用于生活支出，而是会将其中的一部分用于投资进行再生产活动。从而由价值转移干预行为产生的可计量的影响主要有三个方面，即收入增加、投资活动的收益以及更长的生命。更新版本的投资工具模型考虑的第二项及第三项干预措施分别为教育活动及营养强化 / 除虫，通过二者的协同作用，可以带来入学率、出勤率、辍学率、认知能力、微量元素状况以及肠道寄生虫数量的变化。更新版本的投资工具模型中对这两部分干预带来的可计量影响主要归纳为生产率增加以及更长更健康的生活（世界粮食计划署，2011）。

（三）世界粮食计划署投资工具模型计算过程

由上一节可知，投资工具模型是根据学术文献、国家层面收集的数据以及任职于世界粮食计划署的专家提供的信息等 3 个数据来源，基于一定的假设条件开展的成本 – 效益分析。本节以更新版本的投资工具为例，对该模型的假设条件及计算过程进行介绍。

更新版本的投资工具模型主要考虑了四种成本，即商品支出、运输成本、运营成本以及经常性支出。其中，商品支出主要是所购买食材的市场价值或发放给受益人的现金支出；运输成本是指从粮食采购到学生享用营养餐食整个供应链中各环节运输商品产生的费用；运营成本主要是指直接产生的非食品生产和服务产生的支出；经常性支出主要是指世界粮食计划署总部或驻各国办公室产生的经常性支出。更新版本的投资工具模型主要考虑了五种效益，分别是价值转移、投资收益、生产力增加、更长更健康的寿命以及外部效益。其中，价值转移主要是指直接转移给受益群体家庭的各种资源；投资收益主要指新创造或保护资产免受财务困境带来的回报；生产力增加主要是指由更好的教育及健康状况带来的工资收入增加；更长更健康的寿命主要是指由更好的教育及健康状况带来的有生产能力的有效寿命的增加；外部效益主要是指与项目主要受益者不直接相关的额外收益，如政府或社区公共健康支出的减少。将上述五种效益划分为个体和社区，则前四项效益主要面向个体生成，第五项效益面向于社区。

表 2-6　投资工具模型考量的效益及产生机制

受益对象	影响	产生机制
个人	价值转移	直接的转移支付（食物 / 现金）
		个体卫生保健支出的降低
	投资收益	额外的投资回报
	生产力增加	更好的初级教育带来的工资增加
		更好的认知能力带来的工资增加
	健康长寿带来的收入变化	额外收入带来的寿命延长
		额外教育带来的寿命延长
		更好的营养带来的 DALYs 的降低 [1]
		健康干预带来的 DALYs 的降低
社区	外部效益	政府规避 DALYs 风险的机会成本
		农校结合供餐计划对社区的影响 [2]

注：1. DALYs，是伤残调整生命年（Disability Adjusted Life Years）的简称，主要用于综合评价疾病对人类造成的负担，由世界银行和世界卫生组织于 1993 年首次提出，之后在全球得以推广。

2. 目前两个版本的投资工具模型种均尚未包含本地食材采买对社区产生的影响以及由此带来的效益。

　　更新版本的投资工具模型还对考量的成本及效益进行了一些关键假设，以便于进行相应的量化和计算。成本方面的关键假设主要有：考虑供餐计划中涉及政府及所有合作伙伴的成本，不考虑受益群体的机会成本，如果有实际支出则以实际支出为准（不能提供实际支出的以预算为准）。效益方面的关键假设主要有：各项效益以实际收益期限为时间框架，当实际最低工资不可得时将最低国内生产总值的五分之一作为基准工资，用当地最接近得替代品来对食物进行估值，遵循世界卫生组织标准进行 DALYs 分析和估值。

　　基于上述假设条件，世界粮食计划署以及波士顿咨询公司联合多个国家的政府部门将更新版本的投资工具模型应用于孟加拉国、加纳、肯尼亚、老挝、莫桑比克、马拉维、柬埔寨及赞比亚等 8 个中低收入水平国家的学校供餐计划成本－效益分析。如前文所述，世界粮食计划署不同程度参与了这 8 个国家学校供餐计划的实施过程，并且进行成本－效益分析的目的不是为了比较，而是为了说明和佐证对于在校学生的营养状况进行投资具有较高的投资回报。下面对于模型考量的五项效益进行逐项介绍。

对于"价值转移"部分，8 个样本国家的实施效益主要来源于三个方面，即直接转移支付（食物或现金）、除虫带来的个体卫生保健支出减少以及营养强化带来的个体卫生保健支出减少。"直接转移支付（食物或现金）"产生的效益中包含的关键变量分别为：获得的食物（每生每年约为 12 至 24 千克），最近似替代品的价值（每千克 15 至 25 美元），学校供餐计划的推行年限为 5 至 8 年。"除虫带来的个体卫生保健支出减少"中包含的关键变量分别为除虫的成本（每生每年约为 1.2 美元），学校供餐计划受益学生群体中同时接受除虫干预的学生比例为 50%，除虫干预计划推行时间约为 5 至 8 年。"营养强化带来的个体卫生保健支出减少"中的关键变量包含由更好的营养状况规避的 DALYs 损失（约为 2.9 至 6.5 年），以及每年个体健康支出约为美声每天 3 至 32 美元（世界粮食计划署，2011）。

对于"投资收益"部分，"额外的投资回报"中包含的关键变量有额外收入中进行投资的比例（约为 5% 至 12.5%），投资收益率（约为 54%），投资年限（一般为 5 年）以及额外的收入（约为 15 至 26 美元）（世界粮食计划署，2011）。

对于"生产力增加"部分，"更好的初级教育带来的工资增加"中包含的关键变量有入学率增加（约为 2% 至 13%），出勤率增加（约为 4% 至 9%），辍学率降低（约为 1% 至 7%），基本工资水平（约为每年 195 美元至 312 美元），以及多接受一年教育可获得的工资增长（约为 5%）。"更好的认知能力带来的工资增加"中包含的关键变量主要有成绩提高（目前样本国家中最高报告成绩提高比率为 0.06 个标准差），由成绩提高带来的工资增长率（约为 11%）（世界粮食计划署，2011）。

对于"健康长寿带来的收入变化"部分，"额外收入带来的寿命增长"主要包含的关键变量有基本工资水平（约为每年 195 美元至 312 美元），调整后的工资（约为每年 219 至 322 美元），工资变化量对于其寿命的影响（约为 7.4%），以及国家平均预期寿命（约为 55 至 72 岁）。"额外的教育带来的寿命增长"主要包含的关键变量有接受教育年限变化值（约为 1 至 4 年），预期寿命对于接受教育时间的影响（约为 5.5%）。"更好的营养带来的 DALYs 的降低"中包含的关键变量有项目推行时间（约为 5 年至 8 年），学校营养餐食提供的热量（约为 300 至 620 千卡），学校供餐提供热量占该年龄段学生所需热量的比例（约为 25% 至 75%），摄入足量营养对 DALYs 的影响（约为 2.4% 至 4.5%）。"健康干预带来的 DALYs 的降低"中包含的关键变量有健康干预对 DALYs 的影响（约为 1.8 至 5.5 个 DALYs）（世界粮食计划署，2011）。

对于"外部效益"部分，"政府规避 DALYs 风险的机会成本"中的关键变量有更好的营养可规避的 DALYs（约为 0.002 至 0.003 个 DALYs），以及公共健康部门每规避 1 个 DALYs 所需的成本（样本国家中报告最高约为规避 1 个 DALYs 需要花费 40 美元）（世界粮食计划署，2011）。

基于上述假设，考虑各项成本及效益的时间价值，运用社会折现率对各项现金流（食物按照最近似替代物的市场价值计算）进行折现，得到基于当前时间点的成本及效益，利用成本－效益比率计算公式进行计算即可。样本国家中成本－效益比率平均水平约为 1∶4，即每投入 1 美元用于学校供餐计划将得到 4 美元的投资回报。对各变量进行敏感性分析，最佳情况下的成

本 – 效益比率约为 1 : 30，最坏情况下的成本 – 效益比率约为 1 : 1（世界粮食计划署，2011）。

三、投资工具模型计算示例

由上一节可知，世界粮食计划署和波士顿咨询公司联合推出的投资工具模型截至目前共更新了两个版本，2009 年推出的初版曾被应用于十余个国家的计算，2011 年对模型进行了更新并且也被应用于 8 个国家的供餐计划实施效益分析。本节以老挝的学校供餐计划为例，对第二版本的投资工具模型计算过程进行介绍（世界粮食计划署，2018）。

（一）老挝的学校供餐计划

截至 2018 年春季学期开学，在老挝有约四分之一的学前和小学儿童每天在学校享受营养午餐。世界粮食计划署于 2002 年在老挝设立了最初的学校供餐计划，目标是通过为贫困地区的儿童提供学校营养餐食来帮助提高这些地区的入学率。随着之后十年来的有效实施和不断改进，在实现入学率提高的基础上，学校供餐计划的重点转移到提高学生的出勤率，以及改善学龄儿童的营养和健康。2010 年，在世界银行的资助下，老挝教育部建立了由本国政府主导的学校午餐计划。作为本土计划推行机构的成员之一，世界粮食计划署向该计划移交了 56 所学校，并在 2010 年与教育部和世界银行共同签署了一项名为"向全国学校供餐方案的过渡协定"的备忘录。为确保学校供餐计划的可持续性和国家自主性，老挝政府于 2014 年 5 月通过了《关于推广学校午餐的国家政策》，为之后本国主导的学校午餐计划建立了基本的政策框架。近年来，国家学校午餐计划实施范围不断扩大，目前已惠及 10

个区 312 所学校的 2.5 万名在校儿童。同时由世界粮食计划署进行推进的学校午餐计划也覆盖了 7 个省 30 个地区的 1450 所学校。此外，自 2008 年以来，天主教救济服务机构也为萨凡那开省（Savannakhet）7 个地区的 350 所学校提供午餐（世界粮食计划署，2019）。

老挝的学校午餐计划目前包含两种方式，一种是为计划内的儿童家庭提供一定的现金，另一种是为在校儿童提供营养午餐，此外还在清洁饮水、卫生健康和营养知识教育等方面展开多方位的补充工作。经过实践验证，目前推行的综合方法有助于实现该计划的可持续推行并一定程度上改善教育产出。具体而言，由老挝政府自主运作的"全国学校午餐计划"采用为计划内儿童家庭支付一定现金的形式，为每名儿童每天每餐支付 800 拉克（相当于每个儿童 0.10 美元）的现金，用于从当地社区购买食物。同时，世界粮食计划署和红十字会则提供实物食材，如大米、扁豆、食用油和鱼罐头等，来提供学校营养午餐。除此之外，在世界粮食计划署的支持下，许多学校还开展了学校菜园活动，为学生获得营养知识和劳动实践提供了场所。

由世界银行 2012 年推出的学校供餐计划政策评估框架 SABER 可知，能够为计划实施提供稳定可靠的资金来源的政策制定才是好的政策；如果能够由政府自主运行项目推进则更进一步保障了供餐计划的稳定性和可持续性（世界银行，2012）。老挝政府承诺争取于 2024 年迈出最不发达国家的行列，因此近年来在国民总收入、人力资源和经济发展等各方面付出了巨大努力，并且一定程度上实现了正迈向中等收入国家行列的允诺。在过去几年中，随着贫困水平的不断降低，老挝的经济发展水平呈现出强劲的增长趋势，然而政府在推进减少营养不良和实现高质量的教育方面却出现了偏离。因此，要实现该国 2030 发展战略中"要成为一个繁荣的国家，拥有健康的国民，摆脱食品安全问题，减少营养不良和贫困现象"的美好愿景，政府正在增加对卫生和教育的投资，其中就包括进一步推行有本国主导的学校供餐计划。为此，老挝教育部于 2014 年出台了促进学校午餐计划的政策细则，并提出了《学校午餐行动计划（2016—2020 年）》。该计划中明确了学校提供营养午餐有助于提高教育产出、改善食品安全及营养状况，并强调了营养午餐在行动计划中的优先地位，再次提出了要进一步统筹计划推行过程中各部门的职能分工和相互协作。

为了确保由老挝政府主导的供餐计划的可持续性，世界粮食计划署和世界银行正在着手准备各项工作，以便按期将该计划移交给老挝政府和计划覆盖的相关社区。2019 年 6 月，世界粮食计划署已将 500 多所学校移交给老挝政府主导实施的国家学校午餐计划，剩下的 950 所学校将于 2021 年 6 月底之前完成移交。世界银行对老挝开展学校供餐计划的相关资助也于 2019 年 6 月结束。

（二）老挝学校供餐计划的成本－效益比率分析

为了分析老挝目前的学校供餐计划推进状况，以及为各方面资金提供者说明该项目可带来的巨大收益，老挝教育和体育部、世界粮食计划署和万事达信用卡于 2018 年 4 月至 5 月期间联合开展了老挝学校膳食计划成本－效益分析工作。由上一节可知，为了帮助老挝政府推行由本国主导的学校供餐计划，世界粮食计划署于 2019 年 6 月进行了部分项目学校的移交，并且世界银行也于 2019 年 6 月中止了对老挝学校供餐计划的资金资助。由于世界粮食计划署开展的成本－效益比率分析是基于 2018 年春季学期之前的项目推进展开的，因此在分析报告中仍然需要从现金支付和食物提供两个方面进行计算。

由于现金支付和食物提供是两种不同的干预措施，对于供餐计划的实施效果也不尽相同，因此项目组分别就两种模式进行了成本 – 效益分析。据上一节介绍可知，投资工具模型主要利用学术文献、国家层面收集的数据以及任职于世界粮食计划署的专家提供的信息等 3 个数据来源进行分析。

成本 – 效益分析依赖于一些宏观经济数据指标和变量，无论该学校是否参加了学校供餐计划，这些指标和变量对老挝所有学校来说都是共同的。这些数据的主要来源为学术文献及世界银行等国际组织的研究报告。老挝学校供餐计划中粮食和现金两种方式的计划实施期限均为七年。使用 2014 至 2015，2015 至 2016，2016 至 2017 学年三年的在校学生数进行加权平均，作为学校供餐计划的受益学生数。社会折现率、教育回报率以及考试分数每标准偏差带来的平均工资增长等数据来源于相关的学术文献。表 2-7 中列出了老挝学校供餐计划的宏观经济变量及受益学生情况。

表 2-7　老挝学校供餐计划成本 – 效益分析中国家层面提供的数据

指标	单位	数值
项目推行时间	年	7
GDP 增长率	%	7.27
全国贫困线上的贫困人口比例	%	25.40
老挝人均国民总收入	美元	1331
基本工资	美元	515.76
平均开始工作年龄	岁	14
平均退休年龄	岁	60
平均预期寿命	岁	66.7
社会折现率	%	10
教育回报率	%	5.1
测试成绩每提高一个标准差带来的工资增长率	%	11
受益学生数 – 提供食物	名	174175

指标	单位	数值
受益学生数 – 提供现金	名	25518
每学年供餐天数	天	175

数据来源：世界粮食计划署《老挝学校供餐计划成本 – 效益分析》，2019。

表 2-8 及表 2-9 中分别列出了老挝学校供餐计划 – 提供食物及老挝学校供餐计划 – 提供现金的成本 – 效益分析结果。具体分析及计算过程请参加世界粮食计划署《老挝学校供餐计划成本 – 效益分析》（世界粮食计划署，2019）。

表 2-8 学校供餐计划中提供食物部分的成本 – 效益分析

成本		
成本来源	平均每年总支出（美元）	平均每生每年支出（美元）
商品	3511100	15.06
运输、贮存及公用事务	1317791	5.75
管理费用	727961	3.17
人员费用	1379215	6.09
小计	6936076	30.08
效益		
效益来源	总效益（美元）	为每名受益学生带来的效益（美元）
价值转移	45982200	264
投资收益	19159250	110
生产力提高	130631250	750
健康长寿	22832600	131.09
性别平等	2812926.25	16.15
净现值	221376425	1271

数据来源：作者根据世界粮食计划署《老挝学校供餐计划成本 – 效益分析》整理。

表 2-9 学校供餐计划中提供现金部分的成本－效益分析

成本		
成本来源	平均每年总支出 （美元）	平均每生每年支出 （美元）
商品	740767	7.77
运输、贮存及公用事务	0	0.00
管理费用	91666	10.30
人员费用	240907	25.51
小计	1073341	40.51
效益		
效益来源	总效益 （美元）	为每名受益学生带来的效益 （美元）
价值转移	9467178	371
投资收益	3904254	153
生产力提高	19138500	750
健康长寿	3269366	128.12
性别平等	412115.7	16.15
净现值	36210042	1419

数据来源：作者根据世界粮食计划署《老挝学校供餐计划成本－效益分析》整理。

由表 2-8 及表 2-9 可知，不同的供餐模式对于项目实施的成本及各项收益均有差异，进而成本－效益比率也不同。老挝学校供餐计划－提供食物的成本－效益比率为 1∶6.1，即每投入一美元用于学校供餐计划（提供食物）将带来 6.1 美元的投资回报；老挝学校供餐计划－提供现金的成本－效益比率为 1∶5，即每投入一美元用于学校供餐计划（提供现金）将带来 5 美元的投资回报。虽然投资工具模型不适用于进行决策制订，但是一定程度上可以为情况相似的国家和地区制订政策提供参考。

第三章　农校结合供餐计划的经济影响分析

一、农校结合供餐计划

（一）农校结合供餐计划的概念界定

据世界粮食计划署统计，截至 2018 年底全球 5.7 亿个农场中有 90% 是家庭农场，约 72% 为小农场。这些家庭农场生产了世界大部分粮食，但世界大部分的贫困人口和饥饿人口却也处于这些家庭中。学校供餐计划与小农生产的结合将为二者带来双重效益：学校供餐计划为小农生产提供了稳定的生产需求和可预期的家庭收入；从本地小农手中进行食材采购可以减少食材运输成本，让学生有更多的机会摄入新鲜食材及本地食材。由此产生的双重效应的大小一定程度上取决于小农在供餐计划中的参与程度。由于小农缺乏优质的生产原材料、生产能力有限且缺乏获得有效信息的途径，若要充分发挥农校结合供餐计划的实施效应，需要国家和地区在计划制订和执行过程中给予小农一定的政策、资金和技术支持。

（二）农校结合供餐计划的实施要点

学校供餐计划是社会安全网的重要组成部分，在此基础上通过从当地小农手中采购食材，可以提高学校供餐计划的可持续性。部分国家和地区的成功经验验证了农校结合供餐计划可带来的多重效应，一时间又增加了世界各国对于该供餐模式的关注。

虽然农校结合供餐计划理论上可产生多重效应，但是在具体实施过程中仍需要注意以下几点：首先，要考量当地资源的适用性，即是否适合进行学校供餐所需食材的生产。不同国家所处地理位置不同，环境和资源的分布也不尽相同。有些地区土壤肥沃、水源充足，适合进行农业种植及渔业养殖；但仍有相当数量的地区土壤贫瘠，不适合进行食材生产。在推广农校结合供餐计划的过程中，要充分考量当地的资源环境，不能为了追求所谓的"更高效应"而忽略了学校供餐计划的初衷。其次，如何提高本地小农的生产能力，确保生产食材的数量和质量能够达到学校供餐所需食材的标准。由于小农在原材料、资金和技术等方面都存在劣势，在农业生产中无法与规模企业相比；因此在实施农校结合供餐计划时应重视农民联盟组织的作用，通过提供需求信息、信用通道及资金支持，开展知识及技能培训，逐步提高小农的生产能力。再次，如何提高当地社区的参与力度，以期最大化农校结合供餐计划的实施效益。农校结合供餐计划在实施中强调了"本地"的概念，通过为学生提供营养安全的学校餐食，加大了对本地食材、劳动力等的需求，同时也提供了可预期的各岗位工资收入；若进一步统筹当地社区在计划各环节中的参与力度，有助于计划的可持续发展。

二、基于计划影响力分析模型的经济影响分析

计划影响力分析模型（the Impact Analysis for Planning Model，以下简称IMPLAN）是目前常用于农校结合学校供餐计划实施效益评估的模型之一。

该模型在实践中主要被用于分析美国的"从农场到学校"计划，通过调整本地食材采购的比例，来分析其对当地经济产生的影响。不同于上一章中介绍的世界粮食计划署联合波士顿咨询公司开发的投资工具模型，基于 IMPLAN 的经济影响分析考虑了受益人群的机会成本。分析 IMPLAN 模型没有进行大规模应用的原因，可能有两个方面：一是 IMPLAN 是一种静态模型，没有考虑价格弹性及消费者或行业行为的变化，不符合学校供餐计划的动态特性。因此目前的研究报告中均是在基于价格不具有弹性以及行业相对稳定的假设下进行了情景分析。第二个方面的原因是 IMPLAN 分析中用到的行业数据需要运用北美产业分类体系（North American Industry Classification System，以下简称 NAICS），对于其他国家和地区而言计算转换难度较大。

（一）经济影响分析及计划影响力分析模型

随着学校供餐计划的多年推进，各国逐渐开始关注该项计划带来的经济贡献、影响或效益。虽然有些研究报告在进行论述时没有注意上述概念的区分，但是三者之间存在有明显的不同，并且使用的度量标准也不尽相同。经济贡献是指在现有的区域经济中，与要考量政策的相关经济活动的总变化；经济影响是指在现有的区域经济中，与要考量政策的相关经济活动的净变化；而经济效益则是指社会总福利的净增加，同时包含有市场价值和非市场价值。

以学校供餐计划为例，经济贡献和经济影响评价都力求在短期内更好地了解学校采购食材这一活动在某一个区域内引起的连锁效应。学校通过在当地购买食材或服务引发相应的经济活动，如食材采购商需要向农民下订单，农民进行农业种植又需要购买种子和肥料等物品，以便提高产品质量和数量。一个区域内的各行业之间相互进行的经济活动数量越多，该区域行业间的联系就越强。经济贡献分析度量的是各行业之间现有的联系，而经济影响分析则着重于更改食材采购计划如何影响现有联系。

经济影响一般可划分为三个组成部分，直接影响、间接影响及诱导影响。这里仍然以学校采买本地食材为例对三种影响进行介绍。为了支持学校增加本地采买食材的比例，政府需要给学校拨付额外的资金，这一活动为直接影响。明确学校需求后，本地农场需要在原有生产基础上增加产量，因此需要向种子、肥料等原材料供应商购买额外的生产材料来扩大生产和销售；这又进一步引发了原材料供应商的相关采购。本地区域内这一系列采购行为的变化即为间接影响。除此之外，由于生产需求的变化，本地农场或区域内各相关企业可能还需要雇用更多的工人来参与生产，由此产生了额外的工资支出；另一方面，工人的工资收入转化为家庭收入，又将其列入家庭预算用于日常生活各方面支出。这一系列活动中与学校增加本地采买相关的部分即为诱导效应。因此，更改学校本地采购食材比例的经济影响可由上述三方面加总计算得出，对应的总产出乘数为经济影响与直接效应的比例。

由于经济影响评价是指与现有区域经济中的行业、事件或政策相关的新经济活动的净变化，则总产出乘数越大说明本区域内各行业内部以及各行业之间的联系程度越紧密，反之亦然。当某一举措引发的相关企业、行业或者家庭购买行为没有发生在本地时遍不会对当地产生直接影响、间接影响或是诱发影响。此外，相关经济活动的机会成本以及抵消效应也会影响一项政策的经济影响评价结果。如上一章介绍的投资工具模型，作为一个静态的投入 – 产出模型，该模型假设对于受益群体而言不考虑机会成本，因此在实际计算中可能会产生偏差。所以，尽管投入 – 产出模型可以自行从头开始构建，但是有很大一部分研究人员和实践工作者偏向于使用 IMPLAN 软件和数据进行经济影响分析。

IMPLAN 是一个局部均衡模型，依赖于投入 – 产出表进行分析。投入 –产出表是根据代表经济联系的区域平均数编制的，反映了一个地区区域内部经济活动的流动情况。这些联系一般以生产函数的形式出现，通过该生产函数来确定输入组合以实现一个单位的有效输出。IMPLAN 数据库中的数据是由美国商务部、美国劳工统计局、美国农业部以及其他联邦和州政府机构提供的。截至 2019 年 6 月，IMPLAN 包含了 536 个基于北美工业分类系统（NAICS）的行业，用以代表整体经济，其中有 14 个是农业生产部门。更多关于 IMPLAN 模型的介绍请参见 IMPLAN 官方网站（IMPLAN，2019）。

（二）美国学校供餐计划

早在 1853 年，美国政府就将如何解决儿童在校期间的饥饿问题提上了研究日程，并由纽约儿童援助组织在一所职业学校进行了试点工作。20 世纪 20 年代早期，其他由社区支持的学校供餐计划开始在全国范围内展开。大萧条时期，人们越来越多地关注贫困及由此带来的饥饿问题，努力为陷入困境的农民提供农业补贴，进一步促进了 1946 年《理查德·B.拉塞尔国家学校午餐法》的建立。1966 年国家学校午餐计划的拨款制度得到进一步明确。1975 针对公立及非营利性私立学校的学校早餐计划设立，同年儿童夏日食物服务计划及儿童保健食品计划得到设立。

目前美国农业部开展的学校供餐项目主要包含以下几项：全国学校午餐项目（National School Lunch Program，简称 NSLP）、学校早餐项目（School Breakfast Program，SBP）、儿童和成人保健食品项目（Child and Adult Care Food Program）、夏季食品服务项目（Summer Food Service Program）、新鲜水果和蔬菜项目（Fresh Fruit and Vegetable Program）和特殊牛奶项目（Special Milk Program）。项目实施范围涵盖了非营利性的学校，学段跨越幼儿园到 12

年级（美国农业部，2017）。这些营养项目由国家教育或农业机构管理，旨在提供营养丰富的食物和餐点，为学生的头脑发育和身体成长提供动力。根据美国农业部 2017 财年初步数据显示，2017 年全国学校午餐项目共支出136 亿美元，提供了 49 亿份学校餐食，平均每天约有 10 万所学校为近 3000万学生提供学校午餐，其中 2000 万份完全免费，200 万份支付折扣价格（每生每顿 0.40 美元），800 万份按全价收取。2017 年学校早餐项目共支出 42 亿美元，提供了 24 亿份学校餐食，平均每天约有 9 万所学校为 1460 万学生提供学校早餐，其中 1160 万份完全免费，80 万份支付折扣价格（每生每顿0.30 美元），220 万份按照全价收取（学校营养协会，2018）。每个州在学生营养改善项目上的投资预算不同，所以项目实施的范围和类型也不尽相同。如 2017 年之前，纽约州是按照家庭收入状况对参与学校午餐项目的学生采取分阶段收费，2018 学年起加大了营养改善项目的投资预算，秋季学期开学后所有纽约州的学前至高中学生均可免费享用学校午餐项目（美国农业部，2017）。美国学校供餐计划的各项实施要素如下：

1. 计划实施目的、供餐模式及受益群体

美国的学校供餐计划的实施目的主要是提高学生的健康和营养状况，号召学生摄入更多的新鲜食材和健康食物。供餐模式主要是学校食堂供餐。美国也是较早提出并探索农校结合供餐计划的国家之一，该计划称为"从农场到学校"（Farm to School，简称为 FTS）。不同于世界粮食计划署及其他国际组织协助低收入水平国家和中等收入水平国家实施的农校结合学校供餐计划，FTS 对于"学校花园"投入了相当大的比重，意在通过这一实体平台为各利益相关者提供更多了解本地食物系统、营养知识及多样化饮食的重要性。该模式下受益群体主要是幼儿园到 12 年级的在校学生及其家庭、当地小农及其家庭，以及由此惠及的当地社区。

2. 制度保障及执行机构

为确保学校供餐计划可以实现计划设定的目标，政府制定了全国学校午餐法案（National School Lunch Act）。在联邦一级，美国农业部管理国家学校早餐计划和国家学校午餐计划，而在地方一级，国家教育机构负责实施这些方案。

3. 资金保障

在具体实施过程中，联邦政府及州政府设立有专门的学校供餐资金，并鼓励企业、公司、基金会及个人等方面进行捐赠，以扩大受益群体。

4. 社区参与

"从农场到学校"供餐计划在实施过程中尤其重视学校花园的平台作用，通过开展农场实地考察及开设烹饪课程等形式，既提高了课程体验感，又增强了学校供餐计划与社区的联系。

（三）"从农场到学校"供餐计划的计划影响力分析模型

不同于一般的学校供餐计划，美国的"从农场到学校"供餐计划尤其强调对于本地农业的支持，通过增加本地食材采买提高学生新鲜水果和蔬菜的摄入量，增进对当地饮食文化的理解。学校通过在区域经济中购买商品和服务来产生经济活动，而这些活动反过来又导致购买产品以供应学校餐食的企业进行一系列额外的购买。一般来说，某一特定区域内的企业之间相互购买的经济活动数量越多，行业间的联系就越强，从而产生乘数效应。乘数是描述经济变化所产生的次级影响的一种数值方法。乘数是直接效应、间接效应和诱导效应之和除以直接效应，直接影响与行业支出的变化有关。就"从农场到学校"供餐计划的采购而言，直接影响是该区域内生产的粮食的数量或来源的变化。直接影响导致间接影响，或由于其他行业部门对直接受影响行业的新需求作出反应而改变与后向有关的行业采购。由此产生的诱导影响是，当劳动力收入转化为家庭对当地商品和服务的支出时，家庭支出的变化。间接效应和诱导效应受供应链结构的影响。例如，如果直接从农民购买粮食，由于对劳动力和投入要求的不同，间接和诱发的影响将不同于通过中间人购买当地生产的产品（Florence 等人，2017）。

乘数有三种类型：产出乘数、就业乘数和劳动收入乘数。如果产出乘数是 1.25，这意味着特定经济部门的每一美元生产，就会给当地经济带来额外的 0.25 美元。同样，就业乘数描述的是目标经济部门的一项工作所创造的总就业机会。劳动收入描述了目标经济部门劳动收入的一美元所产生的劳动收入的美元。本节中对于"从农场到学校"的计划影响力分析模型的介绍仅局限于产出乘数。表 3-1 中列出了使用 IMPLAN 模型对"从农场到学校"供餐计划开展经济影响分析的产出乘数。

表 3-1 "从农场到学校"供餐计划的经济影响分析

研究内容	Kane 等人，2010	Gunter 等人，2011&2012	Kluson，2012	Pesch，2014	Roche 等人，2016
地域	俄勒冈州	科罗拉多州	佛罗里达州	明尼苏达州	佛蒙特州
产出乘数	1.86	1.47–1.63	2.4	1.7–2.9	1.6

资料来源：Florence 等人《从农场到学校的项目对当地经济有影响吗？》，2017。

由上表可知，若增加学校供餐计划中本地食材的采买比例，将对该区域的经济产生明显影响。

三、基于社会投资回报模型的经济影响分析

社会投资回报模型（Social Return on Investment，以下简称 SROI）是目

前常用于农校结合学校供餐计划实施效益评估的另一种模型。该模型在实践中主要被用于综合量化某一项复杂干预项目（如农校结合学校供餐计划）产生的社会、环境、经济等方面的综合产出，并对这些产出进行量化计算。不同于前一章介绍的世界粮食计划署联合波士顿咨询公司开发的投资工具模型，基于 SROI 的经济影响分析考虑了包括对当地社区的影响等更为全面的经济产出。

（一）社会投资回报模型

SROI 是由罗伯茨企业发展基金（Roberts Enterprise Development Fund，简称 REDF）在 20 世纪 90 年代末开发出的一个评估工具，主要用来对投资产生的社会投资回报率进行测量。SROI 旨在将社会、环境、经济成本和收益进行整合，以提升社会整体福利。SROI 基于利益相关者原则，能够通过建立量化指标体系，综合评估社会干预行为所产生的经济回报与社会、环境回报，更好地体现出社会治理主体与目标诉求的多重性和复杂性。SROI 测量社会、环境和经济成果并用货币价值将成果呈现。因此，SROI 的评估最终呈现为一种比例关系，分母部分为所有投入的总和，分子部分为所有回报的总和，如 SROI 值为 3:1 表示 1 个货币单位的投入可以产生 3 个货币单位的社会价值（Nicholls 等人，2009）。

从一定程度上来讲，SROI 方法提供了一个平台，基于此平台可以系统地说明更广泛的干预结果和此类干预的资金价值。和成本效益分析、成本效用分析以及成本产效分析等经济影响分析方法类似，SROI 也需要进行成本和效益的分析和计算，不同是的 SROI 力求对某项干预措施的整体图景进行刻画。目前 SROI 更多的被应用于公共卫生方面干预项目的经济影响评价，通过货币化干预措施带来的社会效益、环境效益及经济成果，来全面分析该干预措施产生的整体变革。SROI 关注的是干预措施的价值，并不是单纯的金钱，这里货币被用作衡量价值的一种工具。

通过 SROI 模型进行项目综合分析，有助于了解干预措施对社会、环境和经济带来的各项效益以及激励效益产生的关键因素，从而可以扬长避短，及时对项目推进进行调整，从而实现总体价值的最大化。在实际操作过程中，需要遵循下面 7 项基本原则。一是要注重利益相关者在项目分析中的参与，包括告知利益相关者需要进行测量的内容以及测评的方式和方法。二是要深入理解各项变化，包括变化产生的原因，识别哪些是积极的变化，哪些是消极的变化，哪些是项目实施产生的必然变化，哪些是无意产生的变化。三是要对关键因素进行全面估值，由市场价值的因素直接记录对应价值，对于没有明确市场价值的因素通过找寻最近似替代变量来进行估值。四是只考量项目最关键的因素，明确界定哪些信息和证据必须被用于项目分析，以便于项目利益相关者基于这些事实材料进行影响分析。五是不要过度申报价值，项目各参与单位应该只申报自身负责部分产生的价值。六是尽量做到分析过程透明，向各利益相关者报告纳入分析和计算过程的证据材料，并确保材料的真实性和准确性。七是要对分析结果进行验证，应适当进行相关账目的独立审核。

进行 SROI 分析主要包含六个步骤。一是确定分析范围并明确对应的关键相关受益者；二是基于各利益相关者在项目中的参与情况绘制逻辑关系图，明确各项输入、产出及影响之间的关系；三是确定项目带来的各项产出并赋值，即确认该项产出是否实际发生，并对该产出进行货币化操作；四是对各项影响进行分析，明确哪些影响的产生不是项目实施的必然结果，并确保这部分影响不纳入模型计算；五是计算 SROI，即将货币化之后的正面效益进行加总，并减去所有的负面效益，之后将效益和成本进行比较，并进行敏感度分析；六是报告生成及反馈，对报告结果进行验证，与各利益相关者交流报告结果，并基于结果进行政策调整。

（二）英国"生命之粮"项目

英国的"生命之粮"（Food for Life，以下简称 FFL）项目是由土壤协会（Soil Association）领导，并由有机花园（Garden Organic）、关注食物（Focus on Food）、健康教育信托（Health Education Trust）及皇家公共卫生协会（Royal Society for Public Health）等多家机构合作推出的一项综合项目，旨在通过指导实践和影响公共决策制定来促进形成"良好的饮食文化"（生命之粮，2019）。

FFL 提出了健康、美味和可持续食物的口号，并通过一系列活动的开展将学校、幼儿园、医院、养老院及当地社区进行有效连接。其中"幼儿奖项"活动（Early Years Award）为提供优质营养食物的幼儿园和托管中心提供支持，并协助婴儿及学龄前儿童养成良好的饮食习惯；"学校奖项"活动（School Awards）支持学校开展一整套的饮食文化活动，包含提供新鲜营养的学校餐食及良好的就餐环境、组织学生体验食材种植及农场生活、为学生及其家庭提供营养知识及烹饪技术课程等；"医院领导小组"活动（Hospital Leaders Team）与信托基金合作，致力于为医院工作人员及就诊人员提供营养健康的餐食；"更好的护理小组"活动（Better Care Team）工作重点是为生活在护理机构、医院及自己家中的老人提供更多的支持，包含提供更有营养的食物及更有质量的陪伴。FFL 中的每一项活动之间不是独立存在的，而是以最大化整体项目的实施为基础，支持当地居民的健康生活和各项福利获取。（生命之粮，2019）。

最初英国部分地方政府委托 FFL 来开展学校供餐计划，确保在校学生能够获得更新鲜更有营养的餐食，并开设营养健康课程以提高学生及其家庭的营养知识储备。之后通过项目实施的不断扩大和完善，目前多个政府对于FFL项目的委托不再局限于学校相关活动的开展，而是基于当地社区的整体参与，涵盖了学校供餐活动整个供应链的各个环节。

（三）英国"生命之粮"项目中学校供餐部分的经济影响分析

本节以英国的克里斯学校（Kirklees school）为例，对 FFL 项目及其SROI 分析进行简要介绍，详细推行情况请参见 Jones 等人撰写的报告《生命之粮：本地委托项目的社会投资回报分析》（Jones 等人，2016）。

2013 年，克里斯信托基金委托 FFL 项目组用 3 年时间在该地区的所有学校推行相关项目。随着公共卫生服务被纳入地方政府职责，该委托项目也移交给克里斯当地议会。本项目由 FFL 的一名本地项目经理负责协调，并与多个本地合作组织组成指导小组，共同推进 FFL 项目实施。根据项目设定，FFL 为学校工作人员提供了一系列培训机会，包括营养知识、烹饪技能及食品种植等；此外学校还非常重视对厨师的培训，包括如何传授学生烹饪技能，了解食品质量和食品来源以及如何在学校使用堆肥等。2014 年，克里斯当地议会决定将 FFL 项目的实施范围扩大到本地医院、养老机构、幼儿园及托管中心等。

根据克里斯当地议会委托，通过开展学校供餐相关活动，FFL 的主要产出主要包含以下 5 个方面：协助学生及其家庭成员发展关键的生活技能，包括了解一定的食物种植知识、掌握一定的烹饪技能等；通过改善学校供餐品质，帮助学生和其家庭成员建立更为健康的饮食行为习惯；通过提供免费的学校营养餐食，改善最弱势学生群体的营养状况；改善家长及当地社区对学校活动的参与情况；与其他领域分享学习经验等。FFL 基于其他机构开展的相应活动请参见完整报告《生命之粮：本地委托项目的社会投资回报分析》，此处不再赘述。

　　根据上一节中介绍的 SROI 分析的 6 个步骤进行逐步分析，得到相应的成本投入现值及效益产出现值，进行比例计算进一步得到投入产出比值。表 3-2 列出了基于 SROI 分析的部分产出（与学校供餐活动相关的正面效益及负面效益）及对应指标。

表 3-2　FFL 学校供餐计划相关活动的部分产出及指标

产出	指标
学校及学生	
关于当地饮食习惯及特色的课程开发	教职员工开发课程花费的时间
学生在学校各项活动的表现改善	教职员工节省的用于维持教学秩序时间
特殊学生的学校活动参与率提升	特殊学生参与 FFL 学校供餐相关活动的时间
健康饮食意识提高	摄入的新鲜水果及蔬菜的分量及比例
环境保护意识提高	食物等资源浪费的数量
学校教职工	
工作满意度及幸福感提升	教职工缺勤率
学生家长	
与学校的关系改善	参与学校活动的次数和时间
更为关注孩子的健康及幸福感	每一周中用于亲子陪伴的时间
环境保护意识提高	食物等资源浪费的数量
营养知识及烹饪技术提高	一年中健康餐食的制作比例
学校食堂职工	
就业机会及获得报酬的机会增加	食堂职工数量及工资
工作满意度及幸福感提升	食堂职工反应的工作满意度得分
当地社区	
学校与当地社区的关系改善	当地社区参加学校活动的时间
家长及社区成员对当地社区的支持	自愿参与社区活动的时间

产出	指标
地方当局（主要是公共卫生部门）	
良好饮食习惯养成	达到当地健康饮食标准的学生数量
居民身体素质改善	当局减少的用于规避疾病风险的支出
在校学生的牙齿健康状况改善	当局减少的用于学生牙齿保健的支出
当地就业人员	
本地就业机会增加	学校供餐供应链各环节新创造的工作需求
本地失业率下降	学校供餐供应链各环节保留的工作需求
工作满意度及幸福感提升	满意度调查中报告幸福感提升的人数

资料来源：Jones 等人《生命之粮：本地委托项目的社会投资回报分析》，2016。

　　将表 3-2 中的各项产出及关键指标与第一章中的分析框架进行比较，二者构成类似，SROI 分析只是针对不同的受益群体进行了进一步的细化。对本身具有市场价值的关键指标进行直接记录，对本身没有明显市场价值的指标进行最近似金融变量替换，折现并加总。由报告计算结果可知，各项效益的现值总和为 1007464 英镑，各项投入的现值总和为 196803 英镑，SROI 比率为 1:5.12，即每一英镑用于 FFL 项目中学校供餐相关活动的投入将带来 5.12 英镑的社会价值（Jones 等人，2016）。

第四章　提高学校供餐计划实施效益的发展方向

如前文所述，良好的营养状态是儿童生存和成长的基本前提，按照政策制定目标有序推进的学校供餐计划可为社会带来多方面的积极影响及经济效益。经过前三章的分析可知，影响学校供餐计划实施效益的因素众多，部分发达国家及先行地区在一些方面的创新举措为进一步提升实施效益提供了宝贵的参考经验和信息。本章分别从改善特殊儿童的营养状态、加快食育工作的推广进度、提高女童的参与程度、实施暑期学校供餐项目等方面阐述提高学校供餐计划实施效益的发展方向。

一、改善特殊儿童的营养状况

（一）全纳学校供餐计划的实施背景

世界卫生组织和世界银行的统计数据显示，世界上大约有9300万儿童患有某种程度的中度或重度残疾，他们大多数生活在不发达的国家和地区，缺乏接受教育的机会并很难获得最基本的健康和营养保障。在低收入和中等收入国家，残疾儿童比其他任何一组儿童更有可能失学（世界卫生组织和世界银行，2011），尤其是残疾女童更是处于不利地位，失学的概率极高

（Meresman，2013）。

由于前期对特殊儿童营养状况的重视程度不足，并缺乏对特殊儿童的正确态度，使得关于特殊儿童的数据获取极为困难，进一步加剧了在学校供餐计划中对特殊儿童营养状况的关注和强化。然而，缺乏能见度并不是特殊儿童获得学校健康和营养的唯一障碍。特殊儿童和成人在获得卫生和教育服务方面存在着大量的结构性挑战，其中最明显的是基础设施不足（Meresman，2013）。

《残疾人权利国际公约》的制定和发布对大多数国家产生了重大影响。它为公共政策在现有项目和新项目中包容特殊儿童提出了一系列新挑战。这一挑战可以用一种观点加以概括，即如果在现有的计划和项目中不能充分的包含最脆弱的儿童（尤其是特殊儿童）作为利益群体，那么将无法有效推动世界发展，以及可持续性目标的实现。越来越多的研究成果显示。优质的全纳教育可以有效帮助打破贫困和残疾的恶性循环，从而推动目标1（在世界各地消除一切形式的贫穷）的实现。以目标5（实现性别平等，增强所有妇女和女童的权能）为例，优质全纳教育能够促进性别平等，帮助面临双重歧视的残疾女孩。此外，优质全纳教育也能够帮助培养自尊、创业和创新能力，并为包括残疾学生在内的所有人提供广泛充分的就业机会，从而推动目标8（促进持久、包容性和可持续经济增长，推动实现充分和生产性就业，使人人都能得到合适的工作）的实现。研究成果还强调了其他深层联系，这有助于突出全纳教育在发展领域中作为一个交叉问题的至关重要性。

1. 现行供餐计划为特殊儿童需求提供了平台

良好的营养状态是儿童生存和成长的基本前提，为之后参与社会活动并做出贡献提供了保障。而营养不良则使儿童偏离了应有的成长轨道，并进一步对之后的发展造成严重影响。虽然营养不良具有多种表现形式，但目前国际上经过验证的有效干预途径基本相同，主要有以下几种常用措施：

第一，为孕龄及孕期妇女提供充足的营养。

第二，提倡在生命的最初两年采用母乳喂养。

第三，保证儿童早期的营养和食物安全。

第四，为儿童成长提供一个健康的生活环境，包括基本卫生、饮用水及体育运动等。

若要切实提高上述干预的实施效果，需要通过教育手段从根本上提升人们对于营养重要性的认识，并提供有效途径扩大干预面。由于即便在最偏僻的农村地区都有学校，尤其是小学，因此学校为大规模的营养干预活动提供了良好的平台，将教育和营养进行有效结合；若能够与其他项目协同实施，更能发挥乘积效应，从根本上解决贫困问题。

改善儿童营养状况需要进行长期规划，开展有效且可持续的多部门合作。因为意识到这个问题，2000 年 9 月，在联合国千年首脑会议上，世界各国领导人就消除贫穷、饥饿、疾病、文盲、环境恶化和对妇女的歧视，商定了一套有时限的目标和指标，即消灭极端贫穷和饥饿、普及小学教育、促进男女平等并赋予妇女权利、降低儿童死亡率、改善产妇保健、与艾滋病 / 疟疾和其他疾病作斗争、确保环境的可持续能力及全球合作促进发展。这些目标和指标被置于全球议程的核心，统称为千年发展目标（Millennium Development Goal，简称 MDG），旨在将全球贫困水平在 2015 年之前降低为 1990 年时全球贫困水平的一半。各国在努力实现千年发展目标的过程中通过学校开展了多项举措，其中为在校学生提供营养安全的食物（以下简称学校供餐）成为一项经过时间检验的成功举措。该举措通过为儿童提供含有微量营养素的强化食品和驱虫药来消除饥饿，改善儿童的营养水平；激励贫困家庭把学龄儿童送进学校并让儿童安心留在校园学习，同时提高儿童受教育的程度；尤其是可针对性地惠及最脆弱的群体，特别是女童和携带艾滋病病毒的儿童。此外，学校供餐一定程度上支持了国家的减贫目标，并促进社会和经济发展。

学校供餐实施过程中经过实践检验的各项成效，证明了教育与营养的有效协作可带来更为可观的收益，进一步坚定了各国继续推行这一举措的信心。2015 年，193 个国家通过的可持续发展战略 2030 发展目标中，把消除饥饿，促进教育公平、保障营养等工作列为关键点进行干预。与千年发展目标不同，所有各国政府都为可持续发展目标的设计做出了贡献，并致力于实现这些目标。国际社会有责任通过为所有儿童提供充足的食物、营养和教育机会，消除儿童饥饿现象。

特殊儿童的营养状况更为重要，为之后参与社会活动并做出贡献提供了保障。学校供餐计划作为改善贫困家庭学生营养状况的重要平台，提高了学生接受教育的机会和质量；但由于缺乏可见性和结构性不足，现有的学校供餐计划对于特殊儿童的营养状况改善效果有限。优质全纳教育为推行全纳学校供餐计划提供了有利条件，能够帮助打破贫困和残疾的恶性循环；细化并完善全纳学校供餐计划对实现 17 个可持续发展目标具有重要作用。

2. 营养不良与特殊儿童

现有的计划和研究都忽视了营养和残疾之间的交叉。目前有 10 多亿人营养不良，10 多亿人生活在残疾之中，而这些数据存在着知识和政策制定方面的重大差距。营养不良在全世界都有发现，直接或间接地关系着死亡和残疾的主要原因。例如，耳聋通常是疟疾、伤寒和脑膜炎的结果，这些疾病在世界许多不发达地区非常普遍。其他疾病，如食源性或水性腹泻，也往往会导致残疾。在发展中国家，营养不良和残疾严重限制了正常生活。这两个问题都是全球发展的优先事项，并涉及到公平发展和人权问题。尽管如此，现有的政策制定和研究仍然很少将营养不良和残疾问题进行联系。

虽然大量的研究和经验证明了营养状况、认知、学校参与和学术成就之间的关系（全纳学校健康和营养项目，2015），但在学校供餐计划的设计中很少考虑残疾儿童的营养需求。全纳学校营养计划旨在通过增加特殊儿童接受教育的机会、提高巩固率，增强学习成果来有效帮助特殊儿童融入社会。

（二）全纳学校供餐计划的实施障碍

1. 现有计划中的主要障碍

目前在学校供餐计划的推行过程中，大量因素阻碍了特殊儿童接受特殊学校供餐服务的研究工作。这些阻碍因素中有些是结构性的，比如残疾人在获得卫生和社会服务方面面临许多挑战，几乎没有可用的数据使它们作为一个群体缺乏可见性，因此，大多数教育和卫生倡议都不包括特殊群体。常规的卫生和教育人员往往不具备与残疾儿童进行有效交流的技能和心理准备，健康和营养教育项目往往没有考虑到特殊儿童的学习需求（儿童发展协会，2015）。

此外，更多的障碍更具有"系统性"（与项目和负责机构的职能特点有关），一般表现在以下几个方面：首先，餐厅和其他重要场所，如洗手间和厕所，对于那些行动不便的人来说通常无法进入。其次，由于缺乏与残疾人打交道的经验，一些教师以及其他学校工作人员和卫生工作人员不知道如何与残疾儿童进行有效沟通，也不具备开展工作所需的交流手段和技能（Meresman，2013）。再次，部分特殊儿童需要帮助进食或具备特殊的饮食限制，负责做饭的学校工作人员缺乏技能或意识到残疾儿童在卫生、饮食或吞咽方面的特殊需要。之后，即使学校课程中系统地包含了营养主题，与营养相关的健康主题也会包含在跨课程活动、课程调整或教学资源中，以使这些内容易于理解，而残疾儿童则很难理解。最后，由于缺乏正确的态度，部分教职工无法正确对待特殊儿童，存在着观念上的突破。

2. 全纳学校供餐计划概况

多年来，"全纳教育"一词一直被用来指"包括特殊儿童"，例如，有视力障碍、听力受限、行动不便或在"常规"课堂上学有困难的儿童。包容性的教育是对于最弱势群体而言是一项重要的国家战略。"全纳"还包括女童怀孕、受到艾滋病毒 / 艾滋病影响的儿童、失学儿童，特别是那些为了帮助家庭生存而提前就业的儿童。

学校供餐计划作为保障学龄儿童基本权利的重要政策，需要确保所有的在校儿童能够获得足量营养安全的食物，并承担着激励更多失学在家的儿童回归学校接受教育的任务。因此在制定供餐计划的过程中，要确保将弱势群体，尤其是特殊儿童纳入受益群体。向特殊儿童提供学校供餐计划主要有两种实施方式：一是在常规学校供餐计划中包含特殊儿童的饮食需求，二是在学校供餐计划中包括特殊教育机构。

对于特殊儿童是否能通过"特殊教育"或常规的、普遍的项目更有效地获得帮助，人们经常存在分歧。虽然仍有很大比例的特殊儿童留在专门机构，但越来越多的共识表明，将特殊儿童纳入普通学校既具有成本效益，也具有社会效益，并能全面改善教育成果。然而，在大多数情况下，这种辩论是徒劳的，因为这两种策略都是有效和必要的。近年来一些研究成果显示二者可以进行有效结合，称为"双轨"方法（全纳学校健康和营养项目，2015）。

（三）全纳学校供餐计划的实施原则

实施全纳学校饮食计划需要遵循以下三项基本原则（全纳学校健康和营

养项目，2015）。首先，在计划设计过程中将特殊儿童纳入受益群体，通过扩大咨询面获得特殊儿童的更多数据并明确需求，以增加全纳供餐计划对于特殊儿童需求的敏感度。其次，确保整个计划执行过程中的各方面对于特殊儿童群体具有适用性。一是必须以符合儿童需要和功能风格的方式进行计划制定和推行，比如提供供餐服务的场所以及提供营养信息和教育的方式。二是物理环境的可访问性，比如学校、餐厅、盥洗室和厕所等的建设应该符合特殊儿童的需求和能力。三是获取营养信息和教育，为特殊儿童提供获取营养信息和交流的渠道对于降低他们感染的风险、改善健康和营养状况至关重要；在设计学习材料和运动设施时，需要设计成能够有效地接触到不同类型的残疾儿童，并考虑到他们不同的功能特征。四是开展培训，需要进行职前和在职培训，以提高工作人员的知识和技能，确保可以应对特殊儿童的需求。最后，应提高家庭和社区的认识以及在计划中的参与程度；动员家庭和社区组织，如当地的残疾组织、公益组织、特殊教育中心等，对于全纳学校供餐计划的有效和可持续实施具有重要意义（Fiore，2001）。

（四）全纳学校供餐计划的成功案例及未来走向

在尼日尔，大多数家庭长期处于食物短缺的状态，大量的儿童受到饥饿的威胁，残疾儿童的情况更为严重。为了保障这些儿童的基本生存，尼日尔对学校供餐计划进行了扩展，以确保残疾儿童不会被排除在外。实施的国际残疾儿童食品援助项目（FAIR）旨在确保聋哑和失明儿童得到与正常儿童同等的资助。通过美国国际开发署的这项倡议，167名失明儿童和141名身体残疾儿童获得资助，可以在两家专门为有特殊需求的儿童开设的学校食堂获得热餐。该项计划的目标不仅仅是为残疾儿童提供食物，而是通过学校作为改善特殊儿童营养的平台，进一步提高特殊儿童接受教育的机会并改善他们的整体社会地位。自该计划推行以来，在学校提供热餐的激励下，大量的家庭选择将特殊儿童送进学校接受教育，减少了特殊儿童在尼日尔街头乞讨的现象，促进了社会稳定和安全。

综观全纳学校供餐计划推行状况良好的国家和地区，该计划能够得以有效实施的一个重要前提是人们对于特殊儿童权利的重视，以及具备特殊儿童营养状况重要性的意识。但是，目前全球仍有相当大数量的地区，人们缺乏对特殊儿童的正确认识，不能公平对待特殊儿童，因此在之后的计划推行中要着重加强对观念的改变，采取多种措施激励家庭送特殊儿童入学接受教育，为改善其营养状况提供更大的平台和机会。

另一方面，现有的学校供餐计划亟须进行包容性评估，通过扩大家庭和残疾组织的参与程度，进一步确保特殊儿童的权利得到保障，缩小公平差距。这对于贫困地区的特殊儿童和青少年具有极为重要的意义。

二、加快食育工作的推广进度

（一）开展形式丰富的"食育"活动

1. 发挥"学校菜园"平台作用

"食育"是指通过饮食教育及渗透于其中的德智体美劳等方面的教育，意在使青少年儿童拥有健康的身体和心理、健全的人格以及适应社会所需的技能。由于"食育"的方法途径多、成本低、涉及面广，已被多个国家及地区的政府、卫生部门和营养界作为改善儿童营养状况的主要手段，其中最受欢迎的教学活动便是"学校菜园"。

借助学校菜园这一平台，通过真切的劳动实践，向学生、家长、教师和供餐人员进行营养健康教育，普及营养科学知识，培养科学的营养观念和饮食习惯。学生能在课堂、菜园、厨房、学校食堂和家中等各种场合学到如何种植、管理、收获、烹制富含营养的应季产品。此类经历有助于提高学校的环境、社会和健康状况，让学生更好地了解大自然如何供养我们人类。

美国极为重视"食育"工作，甚至将其设定为学校供餐计划的三大目标之一，积累的广泛经验值得我们借鉴。美国的学校菜园食育项目意在借助这一平台来培养学生的健康饮食习惯。为了支持和推广该项目的发展，美国农业部为其提供专项资金、专业指导和相关资源。

截至目前，美国各州共有超过 7000 个"学校菜园"。对于"学校菜园"的规格没有统一的规定，可以是各种各样的形状和大小，小至可摆放在阳台上的盒子，大至占地几英亩，也不限定必须建立在校园中。相关研究发现，即便是规模很小的"学校菜园"也能够帮助学生熟悉当地社区的农业形式及平时吃到的水果和蔬菜。"学校菜园"为学生提供了大量的实践经验和学习机会，内容可涵盖自然、社会科学、数学、语言艺术及营养。

通过"学校菜园"可以实现如下教育产出：提高科学成绩分数，促进知识和情感的交流，培养学生在学校生活所需的技能，并对学生的成就和行为有积极的影响。也有越来越多的证据表明，相对于在传统课堂中的营养教育，在像"学校菜园"这样的非结构化、参与性强的空间里学生更容易进行积极主动的学习，更有可能改变学生的饮食态度和习惯。将"学校菜园"与学校供餐计划或营养教育相结合，可以鼓励学生进行更健康的食物选择。

《中国食物与营养发展纲要（2014—2020 年）》要求，将食物与营养知识纳入中小学课程，加强对教师、家长的营养教育和对学生食堂及学生营养配餐单位的指导，引导学生养成科学的饮食习惯。因此，可借鉴美国的相关经验，充分发挥学校农场这一平台作用，通过邀请学生、家长、职工及地方相关人员亲历学校农场从种植到收获的全过程，开展形式多样的营养健康教育，提高人们的营养知识水平。利用新媒体技术，形成学生和其他各人群喜闻乐见的营养宣教材料；落实健康教育时间，将营养健康教育纳入课堂教学，营造校园营养健康环境；对学校领导、教师、家长、食堂工作人员开展营养知识的宣传教育和技能培训；并在全社会普及合理膳食和健康饮食行为的相关知识，推动良好的营养健康氛围建设，推进学生营养健康改善。

2. 建立"食育"资源库

"食育"通过改变人们的膳食结构，以达到改善营养状况目的，是提高社会保护工作对营养进行干预的一个关键因素。目前国内的"食育"工作进展并不平衡，经济发达地区或大城市开展得较好，而对于广大农村地区、边远少数民族地区开展较少。然而现实中在广大农村地区，由于落后的经济条件、闭塞的信息交流、居民更低的文化水平和健康知识等原因，导致农村地区学生存在更严重的营养和健康知识匮乏。

自实施农村义务教育学生营养改善计划以来，部分地区正在探索如何有效开展"食育"活动，但是由于缺乏相关的专家指导团队和教学资源，活动进度和效果并不明显。美国农业部为其实施的各项学生营养改善计划均配备了丰富的资源库，为了便于开展更具有成效的"食育"活动，食品营养局组织专业人员成立了"营养团队"（Team Nutrition），并设立了专门的资源网站。

"营养团队"的建设旨在通过培训和技术援助，为学生和家长提供营养教育，并通过支持学校、社区开展相关的健康饮食及体育运动等活动，来保障学生营养计划的实施成效。为了实现这一目的，"营养团队"设计了一整套形式多样的教学资源供参加项目的学校使用，将各种营养知识转化为图片或动画形象，便于学生接受。此外，整理并及时上传新的政策文件和经验案例供学校和社区查阅及参考。英国学校供餐计划中的"食育"项目也采用了类似的形式，将营养知识转化为学生、家长和社区均容易理解和接受的动画形象和多媒体形式。

我国在建立"食育"资源库的过程中，可根据不同人群的需求采取多种形式，切实提高教育成效。比如，面对地方政府、学校、教职工，可以提供政策文件、营养标准等规范化的资料集；而面对学生、家长、群众，则可以充分挖掘我国各地区的饮食文化发展过程，运用新媒体形式对其进行合理编排，在进行营养知识教育的同时，也让大家了解当地的文化风俗。

（二）注重发挥"食育"的溢出效应

有证据证明，童年的饮食习惯会延续到成年阶段，同时家庭成员之间的饮食习惯也会相互影响。可借助"食育"的溢出效应（Spillover Effect），带动当地居民营养知识水平的整体提升。所谓溢出效应，是指一个组织在进行某项活动时，不仅会产生活动所预期的效果，而且会对组织之外的人或社会产生影响。

由第一章所述可知，部分国家采取"带回家的口粮"的形式对学生进行营养干预，在对这部分国家的供餐计划进行评估时，多份研究报告验证了这些学生的兄弟姐妹的营养状况也有明显提升。因此，组织学生开展"食育"活动时，可以准备少量的劳动产出请学生带回去跟家人品尝，并分享自己的学习感受，从而扩大营养教育的影响。在很多社区中，学校是学生、家长、教职员工和地方群众了解健康饮食和生活习惯知识的主要场所。"食育"活动的开展实施能帮助学生学到终身受益并能转达给家人乃至子孙后代的知识和技能。它还能让教职员工接受有关这些重要话题的相关培训，帮助他们自己的家人选择更健康的饮食习惯，从而对周围社区产生辐射影响。

三、提高女童的参与程度

（一）女童接受教育可产生多方面的潜在收益

根据前文论述可知，学校供餐计划的有效实施可在一定程度上激励低收入水平家庭家长送女童到学校接受教育，营养状态的改善对于提高教育质量也有一定的正向作用，二者产生的乘积效应可以进一步提高女童受教育程度。根据世界银行的相关研究显示，提高女童的受教育程度可带来多个方面的潜在收益。

根据儿童投资基金会、全球教育伙伴关系以及世界银行 2018 年的一项联合研究报告显示，截至 2018 年全球约有 90% 的女童可以完成小学教育，但是只有不到 75% 的女童可以进一步完成初中教育。在低收入水平国家这一比率更低，只有不到三分之二的女童能够完成小学教育，不到三分之一的女童可以接受初中教育（儿童投资基金会等，2018）。因此，正如《2018 年世界发展报告》中所述，女童和男童一样遭受着全球学习危机的后果，尽管在阅读方面女童的表现优于男童，但是在相当数量的国家和地区女童的数学和科学测试的得分较低。这一结果从一定程度上说明了女童在基本教育认知技能和社会情感技能方面没有获得足够的支撑；也说明教育系统还存在较大的实施空间去有效提升女童接受教育的机会以及改善其在校期间的学习状态。现有的研究成果主要从六个领域总结归纳了女童教育程度的相关影响因素，分别是：收入和生活水平、童婚和早育、生育率和人口增长、健康营养和福祉、代理和决策、社会资本和制度。儿童投资基金会的研究报告分别从这六个领域说明了提高女童受教育程度的正向影响。

在收入和生活水平领域，部分完成或完成小学教育的女性收入只比没接受过教育的女性高 14% 至 19%；相比之下，能够进一步完成初中教育的女性收入则是没有接受过教育的女性收入的两倍，受过高等教育的女性收入则可提高至三倍。此外，接受过中等教育和高等教育的女性能够有更多的机会获得工作机会，并且获得高报酬工作的比例显著提高。

对于童婚及早育领域，研究报告显示，每增加一年中学教育，女童早婚和在 18 岁之前生育的风险平均将降低 6 个百分点。如果能够全面普及中等教育，实际中则可消除童婚现象；进一步叠加考虑早育，则女性在 18 岁之前生育的比例将降低 75%。而另一方面，只接受初等教育并不能有效降低童婚和早育风险。

在生育率和人口增长方面，根据 18 个发展中国家的分析指出，普及中等教育即可将总生育率降低三分之一。即总生育率降低的三分之一来自童婚现象的降低，另外三分之二的生育率降低则来自教育结果本身。这一生育率的降低对于尚未实现人口过度的国家将产生重大积极影响，而仅接受小学教育对于这一比率的影响很小。

在健康、营养和福祉领域，普及中等教育可以提高女性对于艾滋病毒以及艾滋病的认识，并提高对自己的医疗保健做出决策的能力，根据调研结果显示全球这一能力提高的比例值约为五分之一。同时，女性的心理健康也能得到有效改善，对于家庭暴力的发生概率也会明显下降。对于代际影响方面，多项研究结果显示接受过中等教育的母亲，其孩子接受教育的概率将提高至少三分之一。

对于决策制定方面，接受过中等教育的女性在家庭中的决策权力和能力将提高百分之十，同时接受过中等教育的女性对于社会服务的满意度也显著高于仅接受过初等教育的女性。

在社会资本和机构领域，普及中等教育能够使更多的女性表现出利他行为，比如更为积极地参与志愿服务、向慈善机构捐款和帮助陌生人。同时更高的教育水平能够让女性有更多的机会接触不同的社会资本和机构，从而改善对于自身国家的看法。

（二）女童不接受教育产生的潜在经济成本

尽管在过去的二十年中，女童的受教育状况得到了显著改善，但是在许多国家仍有相当数量的女童缺乏接受教育的机会；全球范围来看，女童的平均受教育程度仍然低于男童的平均受教育程度，特别是在中等教育阶段以及高等教育阶段。据《2018 年世界发展报告》指出，在学习应用方面，虽然女童在阅读方面由于男童，但是在数学和科学测试中往往得分很低；再加上职业隔离以及不鼓励女性充分利用劳动力市场机会的社会规范，进一步导致了男女之间收入的差距加大。

此外，女童受教育程度低不仅对女童本人产生负面影响，还存在代际效应，对于他们的子女、家庭、社区和社会都可能产生其他更为广泛的负面影响。

较低的教育程度在很多方面影响着女童的生活轨迹。早辍学的女童更有可能在身体和情感上还未做好准备的情况下就早早结婚并生子，这不但会影响他们自己的健康，也有可能会影响他们孩子的健康。比如，18 岁以下母亲的孩子在 5 岁前死亡和营养不良的风险更高，在学业方面的表现也较差；缺乏教育的女童和女性也缺乏处理家庭暴力和参与家庭决策的能力。此外，接受较低教育水平的女童，其一生的生育率较高，成年后的预期收入也较低。对于社区而言，女童受教育程度低将可能削弱社区的团结，减少妇女于社会的参与度；缺乏教育将使这些女童的利他行为倾向性较低，限制了女性在家庭、工作和机构中的发言权和能动性。或者从根本上说，缺乏教育在一定程度上剥夺了女童和女性的基本权利。

在国家层面上，女童缺乏教育可能产生更为严重的后果，由此造成的人力资本财富损失可能会阻止一些国家可能产生的人口红利。具体而言，首先女童受教育程度低将会带来女性收入减少并导致人力资本财富流失，人力资本这里定义为劳动力未来收入的现值。由于许多女性在年轻时没有普及中等教育，由此造成的全球人力资本损失约为 15 万亿至 30 万亿，其中较高的损失值是相对于高等教育程度进行的折算。其次，儿童发育不良收入下降也将导致人力资本财富流失。如前文所述，女性受教育程度提高将降低儿童早期发育不良的比例，从而增加人力资本财富。这部分增长相对于妇女收入的直接影响要小，但仍可能产生相当大的影响。再次，女性受教育程度低将削弱人口增长带来的复利效应。受教育程度低的女童更有可能童婚并早育，由此带来的较高生育率和人口增长率进一步降低了人均人力资本财富水平，尤其是对于人口增长较快的低收入水平国家。

四、实施暑期学校供餐项目

（一）启动假期供餐项目试点工作

学校供餐计划保障了学龄儿童在校期间可以享用到营养丰富的早餐和午餐，但是学校放假期间并不提供营养餐食。为了填补这一缺口，确保来自低收入家庭的孩子们不因学校放假而挨饿，部分国家相继推行了"假期供餐项目"。美国在这一方面起步较早，并且在制度建设和运行机制方面积累了一定的经验。

美国的假期供餐项目称为"暑期食品服务计划"（Sumer Food Service

Program，以下简称 SFSP），于 1968 年开始实施，最初是作为一项综合试点项目的子项目进行运营，从 1975 年开始成为一个独立的项目。暑期食品服务计划是由联邦政府批准、州一级政府实际管理并运营的，意在学校放假期间为贫困地区 18 岁及以下的青少年儿童提供免费餐食，18 岁以上的残疾学生也可以通过申请流程获得营养餐食。大多数的暑期食品服务点每天为孩子们提供一到两顿营养餐食，移民儿童较多的地区通过批准后可为孩子们每天提供三顿餐食。暑期食品服务点主要由州政府批准的赞助商经营，任何满足条件的学区、地方政府机构、营地或者私营企业均可以提交申请。通过审批后，接受统一的培训，按照政策要求进行服务点的运营并接受监督和评估。2012 年之前，该计划的实施效果并不明显，据统计数据显示，当年约有 2210 万在校学生受益于国家午餐计划，但是仅有 380 万学生参与了暑期食品服务计划。为了提高计划的参与率，促进实施效果，2013 年食品营养局成立了州技术辅助团队，协助各州及学区更好地开展相关工作。在专业团队的指导下，广泛号召社会公益组织及慈善个人积极参与到该项目中，制定了规范的管理和参与流程，确保食品安全以及资金使用效率。规定了激励措施，鼓励更多的团体和个人参与，对提供最优质食物的组织和个人进行获奖提名和资金奖励。近年来，计划参与率逐年稳定提升，评估结果显示实施效果显著。

（二）多种举措促进项目有序扩张

自 2013 年成立了州技术辅助团队以来，食品营养局更是采取了多项举措，促进暑期食品服务计划的有序扩张，以实现在暑假期间为更多饥饿的青少年儿童提供多样化食物的愿景。计划扩张需要进行系统的筹备及整个社区的共同努力，不同地区的实际情况不同，采取的措施也不尽相同。综合分析美国各州及地方政府的积极探索，主要可归纳为以下几点：注重项目规划，制定任务时间表，以确保暑期供餐计划的顺利进行；有效利用现有数据资源，准确分析问题的关键点，针对性地进行项目扩张；注重项目的启动仪式，通过仪式感的建立提升项目的参与热情；注重社区伙伴关系，广泛联合各种社区团体，建立志同道合的志愿联盟；采用多种营销策略，针对不同群体进行宣传和推广，吸引更多的孩子参与该计划；将暑期供餐计划与其他提升学生身体素质的活动相结合，协同发挥最大效应。同时，为了支持暑期供餐计划的推行，食品营养局组织撰写了优秀案例集，为各地的计划开展提供灵感。由于暑期供餐计划主要是由通过审批的赞助商进行实际运营，为了吸引更多的团体和个人加入赞助商的行列，并且提供更高质量的餐食，2016年起食品营养局推出了"萝卜甜菜奖"（Turnip the Beet Award），表彰全国优秀的暑期供餐计划赞助商。

（三）暑期供餐项目的不断调整和完善

由前述章节可知，一项政策的可持续发展需要进行持续的评估调整和改进完善，暑期供餐项目也不例外。美国的暑期营养项目包括了暑期供餐项目和全国学校午餐项目，通过在暑期不间断地为低收入水平家庭的儿童提供早餐和午餐，为缩小这部分儿童在学校放假时存在的暑期营养差距发挥了关键作用。据2019年的暑期供餐项目实施状态报告显示，2018年7月里平均每天有近290万名儿童参与暑期营养项目；此外，在2017至2018学年中，每七名在校期间接受低价或免费学校餐食的儿童中，仅有一名能够在暑期继续享受到免费营养餐食。据报告统计，2017年7月至2018年7月，参加暑期供餐项目的儿童仅为17.1万人，已经连续三年出现参与人数下降的现象。由于暑期供餐项目在提供营养餐食的同时，还包含在线的饮食健康教育及假期充实计划，因此这些没能参与暑期供餐项目的儿童，错过的不仅是健康的营养餐食，还有可能引起开学后与其他儿童的学业差距。

因为认识到这一问题，美国国会目前正在审议的《儿童营养再授权法案》（Child Nutrition Reauthorization bill）中提出了五项改进策略，以期扭转这一不良发展局势。

第一，降低地区供应商的资格门槛。由于大多数的暑期供餐项目及夏令营都在低收入地区开展，现行规定的50%的孩子有资格享受免费或低价学校餐食使相当大部分贫困程度较低的社区（如农村和郊区）的孩子无法参与其中。国会正在商议的将50%的门槛下调至40%将会明显改善各州的暑期供餐项目。

第二，简化暑期供餐项目和课后餐饮项目的文书工作。由于许多社区组织和地方政府机构经营的夏季食品服务项目也同时通过并实施妇女婴儿儿童特别补充营养方案。这意味着，为了一年365天提供膳食，赞助商必须申请并运营两个不同的项目，而它们具有不同的资格标准和项目要求。允许SFSP的赞助者全年运作一个项目，将消除重复和繁重的文书工作。

第三，允许夏季供餐服务点提供一日三餐。除了营地和那些为移民儿童服务的供餐点，大多数的夏季供餐点只允许为孩子提供一日两餐。许多低收入家庭的孩子由于父母工作繁忙，需要整天都在公园、基督教青年会等提供夏季膳食的项目中度过。允许所有的暑期活动场所提供一日三餐将能够更好地支持父母的工作，并确保这些孩子们能够获得他们需要的营养。

第四，为暑期供餐项目提供交通补助金。交通费用在各供餐点提供供餐服务的成本中占较大比例，提供一定的交通补助能够有效地鼓励供餐机构采用创新方式提供更为便利的供餐方式，如移动餐车，这样能够实现为更多的农村孩子提供暑期营养餐食。

　　第五，增加对夏季电子福利转移（Summer Electronic Benefit Transfer，简称 Summer EBT）的资助。夏季电子福利转移计划是为有孩子的低收入家庭提供的每月借记卡福利，可用于购买食物。2016 年一份关于夏季 EBT 的报告显示，这一举措将严重的粮食不安全现象的发生概率降低了三分之一，一般的粮食不安全现象降低了五分之一。夏季 EBT 作为夏季供餐项目的一个有效补充，为低收入家庭提供了一个减少食品不安全危机的重要机会，特别是对于那些生活在农村地区或其他难以获得夏季膳食的地区。

缩略语

EFA　Education for All　全民教育

FAO　Food and Agriculture Organization of the United Nations　联合国粮食及农业组织

FRESH　Focusing Resources on Effective School Health　集中有效资源关注学校卫生

GCNF　Global Child Nutrition Foundation　全球儿童营养基金会

GDP　Gross Domestic Product　国内生产总值

HGSF　Home-grown School Feeding　本土采购式学校供餐计划

HIV　Human Immunodeficiency Virus　人类免疫缺陷病毒，即艾滋病病毒

IDA　Iron Deficiency Anemia　缺铁性贫血

IFPRI　International Food Policy Research Institute　国际粮食政策研究所

3IE　International Initiative for Impact Evaluation　国际影响评价倡议

MDGs　Millennium Development Goals　千年发展目标

M&E　Monitoring and Evaluation　监控与评估

MNP　Micronutrient Powder　微量营养素粉

NEPAD　New Partnership for Africa's Development　非洲发展新伙伴计划

NGO　Non-Governmental Organization　非政府组织

OECD   Organization for Economic Co-operation and Development   经济合作与发展组织

OECD-DAC   OECD/ Development Assistance Committee   经合组织发展援助委员会

PCD   Partnership for Child Development   儿童发展合作伙伴关系组织

SABER   Systems Approach for Better Education Results   改善教育成果的系统方法

SDGs   Sustainable Development Goals   可持续发展目标

SUN   Scaling Up Nutrition   加强营养

SNA   School Nutrition Association   学校营养协会

UN   United Nations   联合国

UNDP   United Nations Development Programme   联合国开发计划署

UNESCO   United Nations Educational, Scientific and Cultural Organization   联合国教科文组织

UNICEF   United Nations International Children's Fund   联合国儿童基金会

US   United States   美国

USAID   U.S. Agency for International Development   美国国际开发署

USDA   U.S. Department of Agriculture   美国农业部

WASH   Water, Sanitation and Hygiene   水、环境卫生和个人卫生

WB   World Bank   世界银行

WCED   World Commission on Environment and Development   世界环境与发展委员会

WFP   World Food Program   世界粮食计划署

WHO   World Health Organization   世界卫生组织

参考文献

英文文献

Abhijeet Singh, 2011. School Meals as a Safety Net: An Evaluation of the Midday Meal Scheme in India[D], University of Oxford Albert Park, The Hong Kong University of Science and Technology and Stefan Dercon, University of Oxford.

Adekunle, D. Taylor, Christiana, O. Ogbogu., 2016. The Effects of School Feeding Programme on Enrolment and Performance of Public Elementary School Pupils in Osun State, Nigeria[J]. World Journal of Education.

Afridi Farzana, 2007. The Impact of School Meals on School Participation: Evidence from rural India [D].Syracuse University.

Alaimo K., Olson C. M. and Frongillo E. A., 2001. Food Insufficiency and American School-AgedChildren's Cognitive, Academic, and Psychosocial Development [J]. Jr., Pediatrics, 108(1): 44-53.

Alderman H., 2016. Leveraging Social Protection Programs for Improved Nutrition: Summary of Evidence Prepared for the Global Forum on Nutrition-Sensitive Social Protection Programs [R]. World Bank: Washington, DC.

Alderman H. and Bundy D., 2011. School Feeding Programs and Development: Are We Framing the Question Correctly[R]? World Bank. https://openknowledge.worldbank.org/bitstream/handle/10986/17114/wbro_27_2_204.pdf?sequence=1&isAllowed=y.

Aliyar R., Gelli A., Hamdani S.H., 2015. A Review of Nutritional Guidelines and Menu Compositions for School Feeding Programs in 12 Countries [J]. Frontiers in Public Health, 3: 1-13.

Allen, L., de Benoist, B., Dary, O. and Hurrell, R. , 2006. Guidelines on Food Fortification with Micronutrients [M]. WHO and FAO, Geneva.

Akhter U. Ahmed, 2004. Impact of Feeding Children in School: Evidence from Bangladesh [R]. Commissioned by the United Nations University, International Food Policy Research Institute.

Aguayo V.M., Paintal K. and Singh G., 2013. The Adolescent Girls' Anaemia Control Program: a decade of programming experience to break the inter-generational cycle of malnutrition in India [J]. Public Health Nutrition 16:1667-1676.

Ahuja A. et al., 2015. When Should Governments Subsidize Health? The Case of Mass Deworming [J]. World Bank Economic Review 29 (1): 9-24.

Berndt T.J. et al, 2009. Methods for investigating children's relationships with friends. In: Rubin KH, Bukowski WM, Laursen B, editors. Handbook of Peer Interactions, Relationships and Groups. New York, NY: Guilford Press.

Best C. et al., 2011. Can Multi-Micronutrient Food Fortification Improve the Micronutrient Status, Growth, Health, and Cognition of School Children [R]? International Life Sciences Institute.

Bundy, D. et al., 2009. Rethinking School Feeding: Social Safety Nets, Child Development, and the Education Sector [M]. Directions in Development Series. World Bank, Washington, DC.

Bundy, D., 2011. Rethinking School Health: A Key Component of Education for All [M]. Directions in Development. World Bank, Washington, DC.

Beltrame D.M. et al., 2016. Diversifying Institutional Food Procurement-Opportunities and Barriers for Integrating Biodiversity for Food and Nutrition in Brazil [J]. Revista Raízes, 36(2).

Bundy D. et al, 2017. The School as a Platform for Addressing Health in Middle Childhood and Adolescence. In: Bundy D, de Silva N, Horton S, Jamison DT, Patton GC (Editors) (In press). Disease Control Priorities in Developing Countries. Third Edition, Volume 8: Child & Adolescent Health Development. World Bank: Washington, DC.

Chaaban, J., W. Cunningham, 2011. Measuring the Economic Gain of Investing in Girls: The Girl Effect Dividend." Policy Research Working Paper 5753, World Bank, Washington, DC.

Chakraborty et al., 2016. School Feeding and Learning Achievement: Evidence from India's Midday Meal Program. IZA Discussion Paper No. 10086 [EB/OL]. [2018-05-16]. http://ftp.iza.org/dp10086.pdf.

Caniello M. et al., 2016. Revaluing Institutional Food Procurement[J]. Revista Raízes, 36 (2), July-December 2016.

Chudgar, A., Luschei.T. F., 2009. National Income, Income Inequality, and the Importance of Schools: A Hierarchical Cross-National Comparison [J]. American Educational Research Journal, 46 (3): 626-658.

Conselho Indigenista Missionario, 2015. Violence Against the Indigenous Peoples in Brazil [EB/OL]. [2018-07-01]. www.cimi.org.br/pub/relatorio2015/ Report-Violence-against-the-Indigenous-Peoples-in-Brazil_2015_Cimi.pdf.

Drake et al., 2016. Global School Feeding Sourcebook: Lessons from 14 Countries [M]. London: Imperial College Press.

Drake et al., 2017. School Feeding Programs in Middle Childhood and Adolescence. Disease Control Priorities, Chapter 12, Third Edition (forthcoming).

Das J.K. et al., 2017. Nutrition in Adolescents: Physiology, Metabolism, and Nutritional Needs [J]. Annals of the New York Academy of Sciences, 1393: 21-33.

De-Regil L.M., Harding K.B. and Roche M.L., 2016. Preconceptional Nutrition Interventions for Adolescent Girls and Adult Women: Global Guidelines and Gaps in Evidence and Policy with Emphasis on Micronutrients [J]. The Journal of Nutrition, 146: 1461-1470.

Drake L. et al., 2017. School Feeding Programs in Middle Childhood and Adolescence. Disease Control Priorities, Chapter 12, Third Edition (forthcoming).

Eisenberg M.E. et al., 2004. Correlations between family meals and psychosocial well-being among adolescents [J]. Arch Pediatr Adolesc Med, 158:792-796.

Erin et al, 2016. Economic Contribution and Potential Impact of Local Food Purchases Made by Vermont Schools [R].https://localfoodeconomics.com/wp-content/uploads/2016/11/Economic-Contribution-of-Farm-to-School.pdf

Espejo F., Burbano C. and Galliano E., 2009. Home Grown School Feeding: A framework to Link School Feeding with Local Agricultural Production [R]. World Food Programme: Rome.

FAO , 2010. Gender and Nutrition[M]. Rome: FAO.

Florence B. et al, 2017. Do Farm-to-School Programs Create Local Economic Impacts? [J]. 1st Choices, Quarter 2017, 32(1).

Food Research and Action Center, 2016. Effective State Budget Investments in Nutrition Programsto Address Hunger in 2016 [EB/OL]. [2017-07-01], http:// frac.org/pdf/advocates-guide-to-state-budget-investments.pdf.

Food and Agriculture Organization of the United Nations, 2010. A New Deal for School Gardens [R]. FAO: Rome. www.fao.org/docrep/013/i1689e/i1689e00. pdf.

Food and Agriculture Organization of the United Nations, 2013. Promoting Healthy Diet through Nutrition Education and Changes in The Food Environment: An International Review of Actions and Their Effectiveness [R]. FAO: Rome.

Food and Agriculture Organization of the United Nations, 2015. Institutional Procurement of Food from Smallholder Farmers: The Case of Brazil [R]. FAO: Rome. www.fao.org/3/a-bc569e.pdf.

Food and Agriculture Organization of the United Nations, World Food Programme, 2018. Home-Grown School Feeding Resource Framework [R].

Focusing Resources on Effective School Health, 2014. Monitoring and Evaluation Guidance for School Health Programs: Thematic Indicators [R]. www. savethechildren.org/atf/cf/%7B9def2ebe-10ae-432c-9bd0-df91d2eba74a%7D/ FRESH_THEMATIC_INDICATORS.PDF.

Food for life, 2019. A flexible, evidenced-based programme. [EB/OL]. [2019-08-09]. https://www.foodforlife.org.uk/commissioners

Fulkerson J.A. et al., 2006. Family dinner meal frequency and adolescent development: relationships with developmental assets and high-risk behaviors [J]. J Adolesc Health, 39:337-345.

Global panel on agriculture and food system for nutrition, 2015. Healthy Meals in Schools: Policy Innovations Linking Agriculture, Food Systems and Nutrition, Policy Brief 3.

Gelli, A. Meir U., and Espejo F, 2007. Does provision of food in school increase girls' enrolment? Evidence from schools in sub-Saharan Africa [J]. Food and Nutrition Bulletin, 2: 149-155.

Gelli, A., 2010. Food Provision in Schools in Low- and Middle-Income Countries: Developing an Evidenced-Based Programme Framework [R]. HGSF Working Paper Series, No. 4, PCD, London.

Gelli, A. and Daryanani, R., 2013. Are School Feeding Programs in Low-Income Settings Sustainable? Insights on the Costs of School Feeding Compared with Investments in Primary Education [J]. Food and Nutr. B., 34(3), 310-317.

Gelli, A. et al., 2012. A Comparison of Supply Chains for School Food: Exploring Operational Trade-Offs across Implementation Models [R]. HGSF Working Paper Series, No. 7, PCD, London.

Grosh, M. et al., 2008. For Protection and Promotion: The Design and Implementation of Effective Safety Nets [R]. The World Bank, Washington D.C.

Gelli A., Nesse K. and Drake L., 2010. Home Grown School Feeding: Linking Smallholder Agriculture to School Food Provision [R]. Partnership for Child Development (PCD), working paper 212.

Global Child Nutrition Foundation, World Food Programme, 2015. Executive Summary, 2014 Global Child Nutrition Forum. http://hgsf-global.org/en/

component/docman/doc_details/450-global-child-nutrition-forum-2014-executive-summary.

Global Panel on Agriculture and Food Systems for Nutrition, 2016. Food Systems and Diets: Facing the Challenges of the 21st Century. www.glopan.org/foresight.

Goddings A.K. et al, 2014. The Influence of Puberty on Subcortical Brain Development [J]. NeuroImage, 88: 242-251.

Harold Alderman et al., 2010. The Impact of Alternative Food for Education Programs on School Participation and Education Attainment in Northern Uganda [EB/OL]. [2017-05-09].http://econ2.econ.iastate.edu/faculty/orazem/TPS_papers/Alderman_Gilligan_Lehrer_FFE_School_Participation_04_2010.pdf

Heald, F. P., and E. J. Gong. 1999. Diet, Nutrition, and Adolescence. In Modern Nutrition in Health and Disease, ninth edition, edited by M. E. Shils, J. A. Olson, M. Shike, and A. C. Ross. Baltimore, MD: Williams and Wilkins.

High Level Panel of Experts on Food Security and Nutrition, 2017. Nutrition and Food Systems: A Report by the High Level Panel of Experts on Food Security and Nutrition [R]. Committee on World Food Security (CFS), FAO: Rome.

IMPLAN, 2019. IMPLAN Sectoring & NAICS Correspondences. [EB/OL]. [2019-08-15].https://implanhelp.zendesk.com/hc/en-us/articles/115009674428-IMPLAN-Sectoring-NAICS-Correspondences

International Food Policy Research Institute, 2016. Global Nutrition Report 2016: From Promise to Impact-Ending Malnutrition by 2030. IFPRI: Washington, DC.

International Policy Center for Inclusive Growth, World Food Programme, 2013. Structured Demand and Smallholder Farmers in Brazil: the case of PAA and

PNAE. IPC-IG, WFP: Brasilia.

International Panel of Experts on Sustainable Food Systems, 2016. From Uniformity to Diversity: A Paradigm Shift from Industrial Agriculture to Diversified Agroecological Systems. www.ipes-food.org/images/Reports/ UniformityToDiversity_FullReport.pdf.

Jomaa L. H., McDonnell E.and Probart C., 2011. School Feeding Programs in Developing Countries: Impacts on Children's Health and Educational Outcomes [J]. Nutrition Review, 69(2): 83-98.

Jonas A.C. et al., 2011. Effectiveness of School-Based Nutrition Education Interventions to Prevent and Reduce Excessive Weight Gain in Children and Adolescents: A Systematic Review [J]. Jornal de Pediatria 87(5).

Jones et al, 2016. Food for Life: A Social Return on Investment Analysis of The Locally Commissioned Programme [R]. Full report, UWE Bristol.

Kristjansson et al, 2016. Costs, And Cost-Outcome of School Feeding Programmes and Feeding Programmes for Young Children. Evidence and Recommendations [J]. International Journal of Educational Development 48:79-83

Kamanda et al., 2016. Does Living in A Community with More Educated Mothers Enhance Children's School Attendance? Evidence from Sierra Leone [J]. International Journal of Educational Development, 46, 114-124.

Lobstein T. et al., 2015. Child and Adolescent Obesity: Part of a Bigger Picture. The Lancet 385.9986: 2510-2520.

Michael, 2013. School Food Cost-Benefits: England [J].Public Health Nutrition, 16:1006-1011.

Morgan K., Bastia T. and Kanemasu Y., 2007. Home Grown: The New Era of

School Feeding [R]. World Food Programme (WFP) project report. WFP: Rome.

Morgan K., Sonnino R., 2008. The School Food Revolution: Public Food and the Challenge of Sustainable Development. Earthscan Publications: London, Washington DC.

No Kid Hungry/Share Our Strength, 2017. Hunger in our Schools: How kids are going hungry in America and what we can do. [EB/OL]. [2018-07-01]. https:// www.nokidhungry.org/pdfs/HIOS_2017.pdf

Nicholls J. et al., 2008. Measuring value: a guide to Social Return on Investment (SROI) [EB/OL]. [2019-08-07]. http://i-r-e.org/bdf/docs/a008_social-return-on-investment-_sroi_.pdf

Patrinos, Psacharopoulos, 2013. Education: The Income and Equity Loss of Not Having A Faster Rate of Human Capital Accumulation. In: Lomborg (Ed.) How Much Have Global Problems Cost the World? A scorecard from 1900 to 2050. Cambridge: Cambridge University Press.

Patton G.C. et al., 2016. Our Future: A Lancet Commission on Adolescent Health and Wellbeing. The Lancet 387.10036: 2423-2478.

Perez-Rodrigo C. and Aranceta J., 2003. Nutrition education in schools: experiences and challenges [J]. European Journal of Clinical Nutrition, 57(1): 82-85.

Prentice A.M. et al, 2013. Critical windows for nutrition interventions against stunting [J]. American Journal of Clinical Nutrition 97: 911-918.

Psaki S.R., 2014. Addressing early marriage and adolescent pregnancy as a barrier to gender parity and equality in education [R]. Background Paper for the 2015 UNESCO Education for All Global Monitoring Report. Population Council:

New York.

School Nutrition Association, 2018. School Meal Trends & Stats [EB/OL]. [2018-07-02]. https://schoolnutrition.org/AboutSchoolMeals/SchoolMealTrendsStats/.

Singh, S., 2013. School Feeding Legal and Policy Frameworks: A Review [R]. PCD and WFP, London.

Suberg J., Sabates-Wheeler R., 2011. Linking Agricultural Development to School Feeding in Sub-Saharan Africa: Theoretical Perspectives [J]. Food Policy, Vol. 36, pp. 341-349.

3IE, 2016. The Impact of Education Programmes on Learning and School Participation in Low- and Middle-Income Countries [J]. Systematic Review Summary 7.

3IE, 2009. Food for thought: Are School Feeding Programmes Effective in Improving Educational Outcomes [J]? Brief Number 7.

UNICEF, 2015. Investment Case for Education and Equity [M]. New York: UNICEF

UNICEF，2016. Life Course Approach [EB/OL]. [2017-08-05]. https://www.unicef.org/adolescence/index_73650.html

United Nations，2015. Sustainable Development Goals: 17 Goals to Transform Our World [EB/OL]. [2017-08-02]. https://www.un.org/sustainabledevelopment/.

United Nations Educational, Cultural and Scientific Organization, 2013. Sub-Saharan Africa 2013 EFA Report. Global Education for All Meeting: Muscat, Sultanate of Oman, May 12-14, 2014. www.unesco.org/fileadmin/MULTIMEDIA/

HQ/ED/ED_new/pdf/AFR-ENG.pdf.

US Department of Agriculture, 2017. Child nutrition programs. [EB/OL]. [2018-07-02]. http://www.fns.usda.gov/school-meals/child-nutrition-programs.

UNICEF/WHO/World Bank Group Joint Child Malnutrition Estimates, 2018. Levels and Trends in Child Malnutrition: Key findings of the 2018 edition [EB/OL]. [2018-03-20].

Victoria C.G. et al., 2010. Worldwide Timing of Growth Faltering: Revisiting Implications for Interventions [J]. Pediatrics 125: 473-480.

Weinreb Linda et al., 2002. Hunger: its impact on children's health and mental health [J]. Pediatrics, Volume 110/Issue 4.

World Bank, 2006. Repositioning Nutrition as Central to Development. A Strategy for Large-Scale Action. Directions in Development Series. Washington, DC: World Bank.

World Bank, 2012. What Matters Most for School Health and School Feeding: A Framework Paper. Systems Approach for Better Education Results (SABER) Working Paper Series No. 3. World Bank, Washington, DC.

World Bank, 2012. Managing Risk, Promoting Growth: Developing Systems for Social Protection in Africa. The World Bank's Africa Social Protection Strategy 2012-2022. The World Bank, Washington, D.C.

World Bank, 2018. The Changing Nature of Work. In World Development Report 2019 [M]. The World Bank, Washington, D.C.

World Commission on Environment and Development, 1987. Our Common Future [M]. New York: Oxford University Press.

World Food Programme, 2006. Global School Feeding Report 2006 [R].

World Food Programme, 2011. School feeding cost benefit analysis 2011 [R].

World Food Programme，2013. The state of school feeding worldwide [R]. Rome: World Food Programme.

World Food Programme, BCG, 2013. School feeding: An investment case [R].http://docustore.wfp.org/stellent/groups/public/documents/manual_guide_ proced/wfp255155.pdf.

World Food Programme, 2012. Update of WFP's Safety Nets Policy: The Role of Food Assistance in Social Protection. Policy Issues, Agenda Item 5. WFP, Rome.

World Food Programme, 2009. WFP School Feeding Policy. Policy Issues, Agenda Item 4. WFP, Rome.

World Food Programme, 2018. School Meals [EB/OL]. [2018-02-03]. http:// www1.wfp.org/school-meals

World Food Programme, 2019. Cost-benefit analysis of the school meals programmes in Lao PDR. [2019-08-03]. https://www.wfp.org/publications/cost-benefit-analysis-school-meals-programme-lao-pdr

World Bank, 2017. World Bank Country and Lending Groups. https:// datahelpdesk.worldbank.org/knowledgebase/articles/906519.

World Health Organization, 2008. Global Anaemia Prevalence and Number of Individuals Affected. www.who.int/vmnis/anaemia/prevalence/summary/ anaemia_data_status_t2/en/.

Wright L., Epps J., 2015. Coping Strategies, Their Relationship to Weight Status and Food Assistance Food Programs Utilized by The Food Insecure in Belize. Integrated Crop Pollination Project (IPCBEE). www.ipcbee.com/ vol81/012-ICBET2015-Y0011.pdf.

中文文献

阿玛蒂雅·森. 为何要特别担忧儿童发展 [M]// 中国发展研究基金会. 反贫困与中国儿童发展. 北京：中国发展出版社，2012.

范小建. 促进儿童发展是中国减贫战略的重要组成部分 [M]// 中国发展研究基金会. 反贫困与中国儿童发展. 北京：中国发展出版社，2012.

国家科技评估中心，2004. 评估和面向结果管理的关键术语 [EB/OL]. 经济合作发展组织发展援助委员会授权翻译. [2018-07-02]. http://www.oecd.org/dac/evaluation/18074294.pdf

黄能建. 社会保障理论与实务 [M]. 北京：改革出版社，1995.

鲁昕. 发展教育是对人类可持续发展的巨大贡献 [M]// 中国发展研究基金会. 反贫困与中国儿童发展. 北京：中国发展出版社，2012.

刘谦. 改善贫困地区儿童营养和健康状况，提高民族健康素质 [M]// 中国发展研究基金会. 反贫困与中国儿童发展. 北京：中国发展出版社，2012.

卢迈. 儿童早期发展与反贫困 [M]// 中国发展研究基金会. 反贫困与中国儿童发展. 北京：中国发展出版社，2012.

詹姆斯·赫克曼. 创造与测量能力 [M]// 中国发展研究基金会. 反贫困与中国儿童发展. 北京：中国发展出版社，2012.

刘文艳. 农村义务教育学生营养改善计划研究——以江西省为例 [D]. 江西：江西农业大学，2016.

联合国粮食及农业组织，国际农业发展基金会，联合国儿童基金会，世界粮食计划署及世界卫生组织. 2017 年世界粮食安全和营养状况：增强抵御能力，促进和平与粮食安全 [M]. 罗马：粮农组织，2017.

马文起. 营养改善计划实施的成效、问题及对策——基于河南省 N 市 4

县的实证调查 [J]. 教学与管理，2013，16：13-15.

王梦奎. 促进儿童发展是反贫困的重要途径 [M]// 中国发展研究基金会. 反贫困与中国儿童发展. 北京：中国发展出版社，2012.

王绪刚. 云南傈僳族学龄儿童营养健康教育干预效果分析与评价 [D]. 昆明医学院，2005.

星吉，周敏茹，马福昌，等. 青海省 6~17 岁农村义务教育学生营养健康现状分析 [J]. 医学动物防制，2018，34（7）：676-679.

中国发展研究基金会，2011. 农村学校供餐与学生营养改善评估报告 [EB/OL]. [2016-07-06]. http://www.cdrf.org.cn/jjh/pdf/j112.pdf.

中国发展研究基金会，2011. 建立学校供餐机制，改善农村学生营养——2010nian 农村学校供餐与学生营养评估报告 [EB/OL]. [2017-01-05]. http://cdrf.org.cn/uploads/soft/PDF/20120625/112baogao.pdf.

中国发展研究基金会，2017. 贫困地区农村学生营养改善进展 [EB/OL]. [2018-01-05]. http://tsfadmin.chinacloudsites.cn//Moxie/data/files/ 旗舰报告 .pdf

中国学生体质与健康研究组. 2010 年中国学生体质与健康调研报告 [M]. 北京：高等教育出版社，2012.

张帆. 不同供餐模式学生餐的营养学和经济学评价 [D]. 北京：中国疾病预防控制中心，2015.

张书梅. 对云南省大关县农村义务教育阶段学生营养改善计划工作的思考 [J]. 中国校外教育，2013，5：23.

张五常. 经济解释卷二 [M]. 北京：中信出版社，2011.